아홉 살에 처음 만나는
공룡의 시대

아홉 살에 처음 만나는
공룡의 시대

초판 1쇄 인쇄일 | 2021년 9월 5일   초판 1쇄 발행일 | 2021년 9월 10일

지은이 | 문재갑
일러스트 | 송한나
펴낸이 | 강창용
기획편집 | 이윤희
디 자 인 | 가혜순
책임영업 | 최대현

펴낸곳 | 하늘을 나는 코끼리
출판등록 | 1998년 5월 16일 제10-1588
주 소 | 경기도 고양시 일산동구 중앙로 1233(현대타운빌) 302호
전 화 | (代)031-932-7474
팩 스 | 031-932-5962
이메일 | feelbooks@naver.com
포스트 | http://post.naver.com/feelbooksplus

ISBN 979-11-6195-145-4   73450

* 책값은 뒤표지에 있습니다.   * 잘못된 책은 구입처에서 교환해 드립니다.

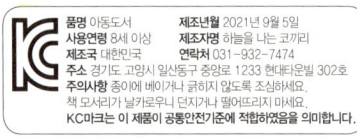

 하늘을 나는 코끼리는 느낌이있는책의 어린이책 브랜드입니다.

아홉 살에 처음 만나는

공룡의 시대

문재갑 지음 | 송한나 그림

하늘을 나는 코끼리

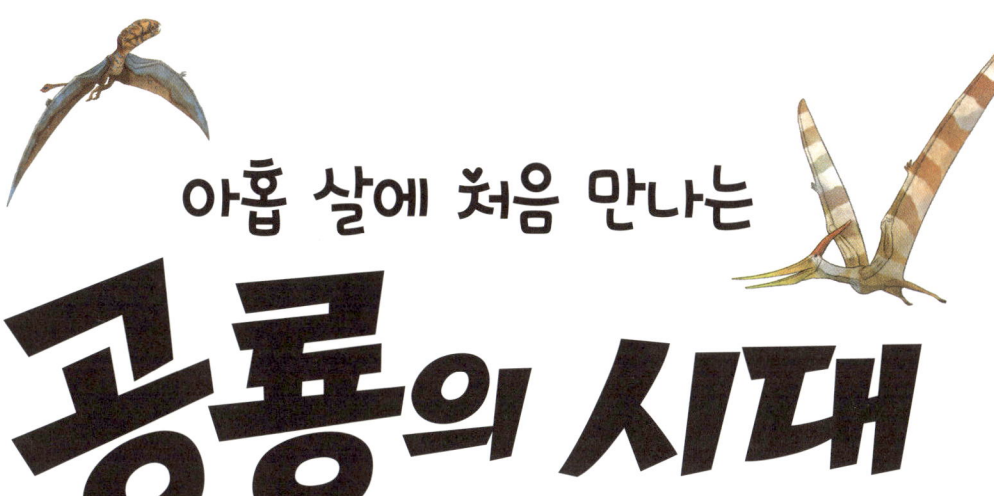

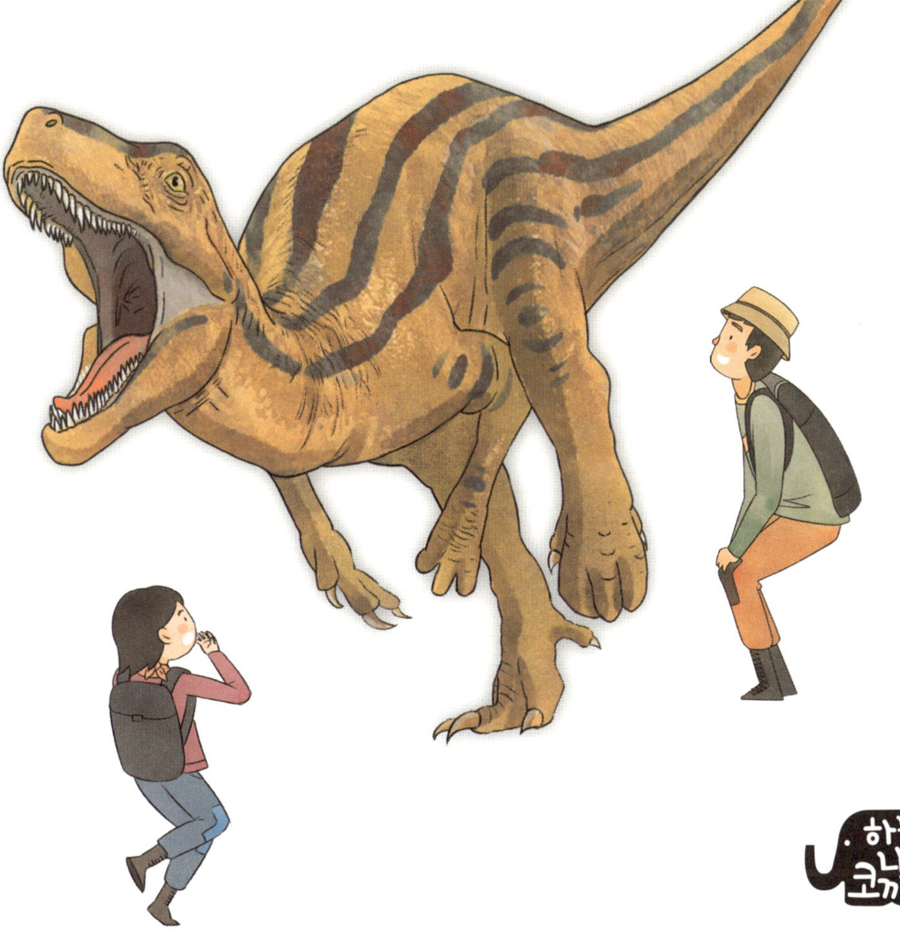

책을 펴내며

　아홉 살 어린이 '미소'는 궁금증 대장이에요. 거의 모든 어린이가 그런 것처럼 미소 역시 하루에도 수십 번씩 이런저런 궁금증이 생겨나곤 한답니다. 그런데 미소의 특징은 그 궁금증을 가만히 두지 않는다는 점이에요. 언제 어디서 머릿속에 물음표가 새겨지든, 곧바로 그 자리에서 궁금증을 해결하지요.

　물론 주변에 질문할 사람이 없어서 집이나 학교까지 궁금증을 가져가는 경우도 있어요. 그런데 그럴 때마다 문제가 생기고는 했어요. 온통 궁금한 것을 생각하면서 길을 걷다가 가로수에 쿵 부딪힌 적도 있고, 빗물 고인 웅덩이로 넘어지는 바람에 흙탕물을 홀라당 뒤집어쓰기도 했지요.

　하지만 그 바람에 기쁜 일도 생겼어요. 4학년이 되면 사주시겠다던 휴대폰을 2학년이 되자마자 갖게 되었거든요. 엄마는 궁금증이 생기면 그 자리에서 바로 해결해야 한다면서, 선생님을 비롯한 여러 궁금증 해결사들의 전화번호까지 손수 입력해 주셨답니다.

미소는 오래전부터 이번 가족 여행을 손꼽아 기다려왔어요. 그리운 외할머니, 방 문만 열어도 보이는 아름다운 바다를 어서 보고 싶었거든요.

미소는 공룡에 관심이 많아요. 그런데 이번 여행에서 공룡의 흔적을 찾아보게 되었답니다! 미소의 질문에 아빠는 좀 힘드셨지만 말이에요.

자, 그러면 우리 함께 미소 가족의 여행길을 따라가 볼까요?

차례

책을 펴내며 ··· 4

아빠, 공룡들도 저 많은 별을 봤을까요? ··· 8

새로운 방법으로 살펴본 우주 나이 140억 년 ··· 17

아빠랑 해남 우항리 공룡 화석지를 가다! ··· 32

공룡의 종류는 왜 그토록 다양했던 거예요? ··· 53

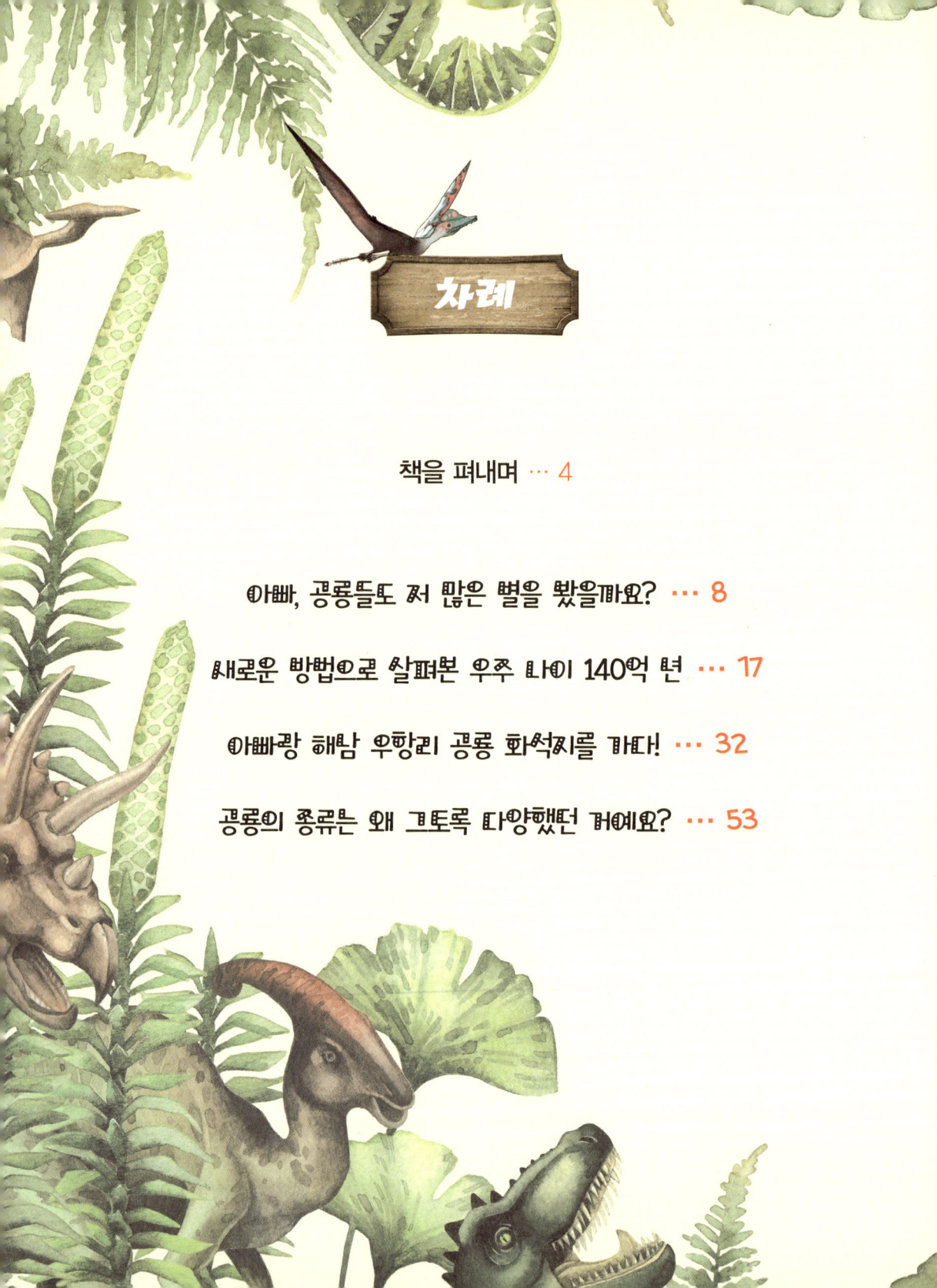

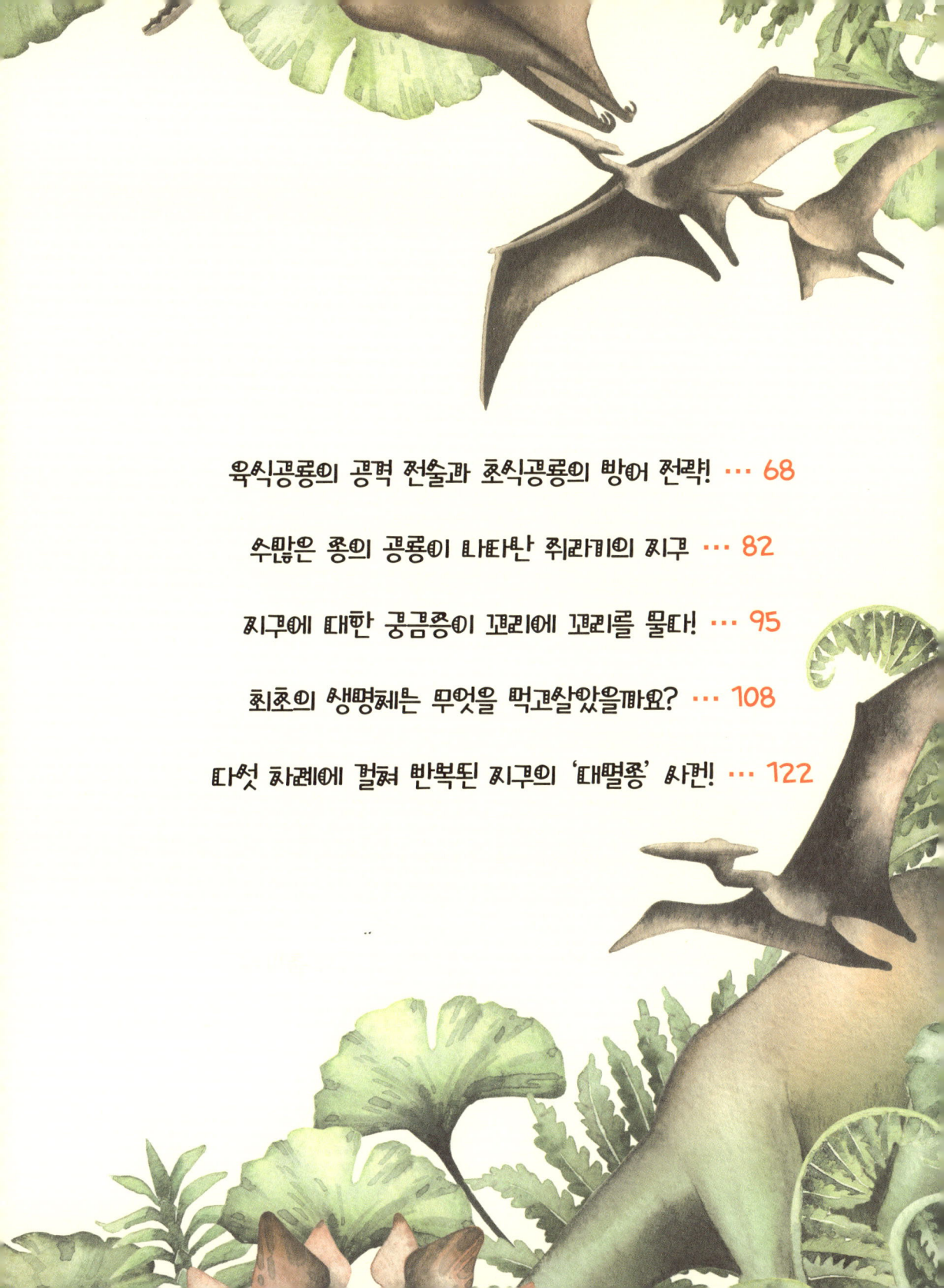

육식공룡의 공격 전술과 초식공룡의 방어 전략! … 68

수많은 종의 공룡이 나타난 쥐라기의 지구 … 82

지구에 대한 궁금증이 꼬리에 꼬리를 물다! … 95

최초의 생명체는 무엇을 먹고살았을까요? … 108

다섯 차례에 걸쳐 반복된 지구의 '대멸종' 사건! … 122

아빠, 공룡들도 저 많은 별을 봤을까요?

미소네 외가는 남해를 바라보고 있는 전라남도 해남의 송호리라는 작은 마을에 있어요. 마을 앞에는 아담한 송호리 해수욕장이 펼쳐져 있고, 왼쪽에 있는 산등성이 하나를 넘으면 우리나라 육지의 남쪽 끝인 땅끝마을과 만나지요.

미소 가족은 지금 그곳을 향하고 있어요. 미소를 위해 엄마 아빠가 여행길에 나선 거예요. 그런데 서울에서 출발해 외가까지 도착하려면 시간이 엄청 오래 걸려요. 고속도로만 최소한 네다섯 시간을 달려야 한대요. 그래서 미소는 '아빠, 이제 얼마나 남았어요?'라는 질문을 스무 번도 넘게 했답니다. 미소네 가족은 해 질 녘이 다 되어서야 외가에 도착했어요.

"외할머니, 미소 왔어요!"

"오냐, 그래! 예쁜 내 새끼, 어서 오너라!"

외할머니의 시큼 달달한 냄새가 미소의 콧등을 간질였어요. 미소는 외할머니의 그 냄새가 참 좋아요.

 저녁을 먹고 산책길에 올라 시원한 바닷바람을 듬뿍 들이마신 후 집으로 돌아온 미소는 마당 평상 위에 아빠랑 나란히 누웠어요.
"아빠, 팔을 뻗으면 별이 손에 잡힐 거 같아요."
 하늘을 수놓고 있는 수많은 별이 무척 가까워 보였어요. 잠자리채를 스윽 휘두르면 최소한 오십에서 육십 개는 낚아챌 수 있을 것처럼 말이에요.
"흐음, 그렇구나. 금방이라도 쏟아져 내릴 것처럼 별이 가까이 있네."

"아빠, 시골은 별이 왜 이렇게 많은 거예요? 서울은 겨우 손가락으로 셀 수 있을 정도뿐인데……."

아빠가 빙긋이 웃으며 이야기했어요.

"어느 하늘이든 별의 숫자는 다 똑같아. 그런데 도시는 환한 조명이 밤을 밝히고 있는 데다 공기가 오염되어 작은 별들이 보이지 않지. 반면에 시골 하늘은 비교적 어둡고 깨끗하기 때문에 아주 멀리 있는 별들까지 또렷하게 보이는 거야."

"아! 그렇구나. 그런데 하늘에 떠 있는 별은 몇 개나 되는 거예요?"

"으엥? 하늘의 별이 몇 개냐고?"

순간적으로 아빠가 놀라셨어요. 그러고는 차분하게 미소에게 물었지요.

"미소야, 혹시 우주라는 말 아니?"

"에이, 당연히 우주는 알지요. 지금 우리가 보고 있는 하늘이 우주잖아요!"

"그래, 그런데 우주는 인간의 상상력으로는 가늠할 수 없을 만큼 커. 정확하게 알 수는 없지만, 대략 1천억 개 정도의 은하로 이루어져 있을 것으로 추측하고 있지."

"헉! 1천억 개요?"

"응!"

미소는 깜짝 놀랐어요. 세어 보다 실패하기는 했지만, 하늘에 떠 있는 별이 약 2~3천 개쯤 될 거라 짐작하고 있었거든요.

"우리가 지금 보고 있는 저 별의 숫자가 무려 1천억 개나 된다고요?"

"천만에!"

아빠가 고개를 가로저었어요.

"은하가 1천억 개라고 얘기했잖아. 그런데 은하 역시 엄청나게 넓어서, 하나의 은하는 또 1천억 개 정도에 이르는 별들로 구성되어 있어."

"또 1천억 개요?"

미소의 벌어진 입이 다물어지지 않았어요. 하늘에 떠 있는 별의 숫자가 무려 1천억에 또 1천억을 곱한 만큼이라니……!

"숫자가 너무 커서 와닿지 않지? 거의 모든 사람이 그렇게 느낄 거야. 그런데 망원경의 도움 없이 인간의 눈으로 확인할 수 있는 별은 약 6천 개 정도에 불과해."

"네? 지금 겨우 6천 개만 볼 수 있다고요?"

아빠가 고개를 저으며 말했어요.

"그중 절반은 지구 반대편 하늘에 떠 있잖니!"

"어, 그러네! 그러니까 지금까지 제가 봤던 별은 모두 3천 개였네요?"

그런데 아빠가 또 고개를 가로저었어요.

"그렇지 않아!"

"아이잉, 아빠!"

장난스러운 표정을 지으며 아빠가 빙긋 웃으셨어요.

"지평선 가까이 떠 있는 별 역시 볼 수가 없잖아! 그러니까 지금 미소 눈으로 확인할 수 있는 별은 아마도 2천 개 정도일 거야."

미소는 신기했어요. 짐작조차 할 수 없을 만큼 많은 별도 신기하고, 그런 걸 자세히 알고 있는 아빠의 머릿속 세상도 신기했어요. 미소는 밤하늘을 손가락으로 가리키며 물었어요.

"아빠! 그런데 우주는 언제 어떻게 생겨났어요? 우리가 살고 있는 지구는 언제 생겼어요? 그리고 내가 좋아하는 공룡들도 밤하늘에 반짝이는 수많은 별을 보았을까요? 만약에 보았다면 어떤 생각을 했을까요?"

"엥?"

아빠가 움찔했어요. 아마도 한꺼번에 너무 많은 질문을 해서 놀라셨나 봐요. 그래서 미소는 마치 선심이라도 크게 쓰는 사람처럼 말했지요.

"나중에 하나씩 대답해 주셔도 괜찮아요. 이제 겨우 초저녁인데요, 뭘. 히히!"

"끄응……!"

아빠의 눈동자가 심하게 흔들리기 시작했어요. 미소는 그제야 자신의 질문이 간단한 대답으로 끝날 문제가 아니라는 사실을 눈치챌 수 있었지요. 하지만 궁금한 걸 어떡해요! 밤하늘을 아름답게 수놓고 있는 별의 개수까지 알고 있는 아빠인데, 아무리 복잡하다 해도 알려주시지 않을까요?

새로운 방법으로 살펴본 우주 나이 140억 년

"우주가 탄생한 것은……."

역시 아빠였어요! 우주가 어떻게 시작되었는지, 아빠가 알아냈나 봐요.

"지금으로부터 약 140억 년 전 일이었단다."

미소의 두 눈이 휘둥그레졌어요.

"꺄악! 또 억이에요?"

"왜 그렇게 놀라니?"

"우주나 별은 왜 다들 억억 하는 거래요? 누구나 쉽게 이해하고 계산할 수 있도록

백이나 천 정도의 숫자였으면 좋겠는데……."

미소의 투덜거림에 아빠가 고개를 끄덕이며 말했어요.

"아무래도 그렇지? 일상과 너무 동떨어진 숫자라서 며칠 전이나 몇 년 전처럼 또렷하게 느껴지지는 않을 거야."

"아빠도 그래요?"

"당연하지! 아마 모두가 그럴걸?"

"헤헤, 나만 그런 게 아니었구나! 하지만 어제나 그제 일처럼, 아니 조금 더 멀리 일 년쯤 전이라도 상관없으니 머릿속으로 확실하게 그려 볼 수 있다면 가슴이 시원할 거 같아요."

미소의 말에 아빠의 표정이 또 어두워졌어요. 하지만 잠시 후, 눈동자를 빛내며 벌떡 일어나 앉은 아빠가 엉뚱한 얘기를 꺼냈어요.

"미소야! 저기 달력 좀 볼래?"

"갑자기 달력은 왜요?"

영문을 몰라 하는 미소에게 아빠가 설명해 주셨어요.

"우주가 탄생한 지 1년이 지났다고 생각하면서 하나씩 계산해 보면, 실감도 나고 재미도 있지 않겠니?"

"아빠는 역시 완전 최고예요!"

"달력의 첫날인 1월 1일은 지금으로부터 140억 년 전으로, 빅뱅과 함께 우주가 탄생했어. 그리고 95억 년이 지난 약 45억 년 전에는 태양계가 만들어졌지. 태양과 그 주위를 돌고 있는 수성·금성·지구·화성·목성·토성·천왕성·해왕성 등이 자리를 잡기 시작한 거야."

"이 달력으로 셈하면 어느 정도였을까요?"

"대략 8월 중순 정도의 어느 날이었겠지."

"우주는 뭘 하느라고 그 오랜 세월이 지나서야 태양계를 만들었대요? 일 년 열두 달 중 벌써 8월이 지나가고 있잖아요!"

"그동안 우주가 게으름을 피웠다고 생각하는 거야?"

"당연하지요!"

"우주에는 은하가 몇 개 정도 있다고 했지?"

"1천억 개요. 앗! 그러네요. 1천억 개나 되는 은하를 만드느라 눈코 뜰 새 없이 바빴을 거라는 생각까지는 제가 미처 하지 못했네요!"

미소가 고개를 끄덕이며 자신의 실수를 인정했어요. 아빠는 그런 미소의 머리를 쓰다듬어 주었고요.

"이제 우주에 대한 실마리가 조금은 풀리는 거 같니?"

"죄송하지만 전혀 아니에요."

"왜?"

"제가 좋아하는 공룡이 언제쯤 지구에 등장했는지 아직 짐작조차 하지 못하고 있는걸요!"

"흐음, 그렇구나. 공룡은 고생대와 신생대 사이에 해당되는 중생대에 등장했던 동물이야. 약 2억 2천만 년 전에 나타났다가 6천5백만 년을 전후해 사라졌으니 약 1억 5천만 년 동안 지구의 최강자로 군림한 셈이지."

"그러면 이 달력에서는 어디쯤이에요?"

"대략 12월 20일 무렵!"

"우주의 역사로 보면 최근의 일이네요?"

"그런 셈이지. 그 이후 공룡은 일주일 정도 지구를 지배했어.

엄청난 세월이 흘렀지만 지금도 세계 각지에서 공룡 뼈는 물론, 발자국 화석이 끊임없이 발견되고 있을 만큼 크게 번성했지. 하지만 커다란 소행성이 지구와 충돌하면서 순식간에 멸종하고 말았어. 공룡을 포함한 지구의 생명체 70% 이상이 사라져 버린 거야."

"도대체 얼마나 커다란 소행성이 지구로 날아와 충돌했기에 그런 엄청난 일이 벌어진 거예요?"

"지름이 약 14km 정도인 소행성이 지금의 멕시코 유카탄반도 북부에 떨어졌는데, 그 충격이 얼마나 컸는지 지름 180km가 넘는 거대한 웅덩이가 생겨날 정도였어. 이걸 '칙술루브 크레이터(Chicxulub crater)'라고 해."

"우와! 지름이 무려 180km라면 제주도보다 더 크겠다!"

"아마 제주도 대여섯 배 정도는 될 거 같아."

"아, 그렇구나. 그래서 그 주변에 살고 있던 수많은 생명체가 사라질 수밖에 없었다는 얘기잖아요."

"그렇지!"

"하지만 멕시코하고는 멀리 떨어진 유럽이나 아시아의 동식물들은 큰 피해를 입지 않았을 텐데, 왜 멸종한 거예요?"

아빠가 빙긋이 웃으며 설명을 이어갔어요.

"소행성이 충돌한 순간의 충격으로 입게 된 피해는 사실 그다지 크지 않았어. 네 말대로 그 주변의 생명체들만 사라지게 되었지."

"그렇다면 더욱 큰 뭔가가 있었다는 건가요?"

"그럼, 본격적인 재앙은 이제 겨우 시작되고 있었는걸!"

"본격적인 재앙이라고요?"

"소행성이 충돌하면서 발생한 각종 유독물질과 가스, 먼지가 하늘 높이 솟구쳐 올라가 지구를 감싸고 있는 대기층을 뒤덮어 버렸거든. 그러면 지구에서는 어떤 일이 벌어질지 생각해 볼래?"

"으음, 하늘이 깜깜해지면서…… 아, 맞다! 빛이 들어오지 못하니까 지구의 기온이 전체적으로 크게 떨어졌을 거 같아요!"

"오, 대단한데! 정확한 대답이었어. 생명체들이 적응할 틈도 없이 한순간에 지구의 기후가 크게 바뀌어 버렸지. 그와 동시에 빛이 들어오지 않아 광합성을 하지 못한 식물들이 죽어 가기 시작했단다."

"아, 식물들의 광합성도 있었구나!"

미소가 고개를 크게 끄덕였어요. 소행성 충돌이 단순히 웅덩이가 생기는 것만으로 끝나는 게 아니라는 사실을 깨닫게 된 거예요.

"갑작스러운 기후 변화와 식물들의 죽음 때문에 가장 먼저 피해를 입은 것은 몸집이 커다란 초식동물이었어. 초식동물이 사라지자, 그들을 먹고사는 육식동물 또한 자취를 감추기 시작했지."

"소행성 충돌이 지구 생명체들의 먹이사슬을 무너뜨려 버린 거네요?"

"바로 그거야! 그래서 결국은 모든 생명체의 약 70%가 사라질 수밖에 없었어. 지구 역사상 최악의 대멸종 사태가 벌어지게 되었단다."

미소는 공룡을 비롯해 그 당시에 살았던 동식물들이 한없이 불쌍했어요. 밥을 한 끼만 안 먹어도 배가 고파 힘든데, 먹을 것이 없어서 죽을 수밖에 없었으니까요.

하지만 그 엄청난 사태가 벌어졌음에도 지구는 여전히 돌고 있었겠지요? 그래서 우리 인류가 탄생하게 된 것일 테고요.

"이제 달력 마지막 날까지도 며칠 남지 않았네요!"

"귀여운 우리 아가씨는 지금 인류가 언제쯤 나타날 것인지 알고 싶은 거야. 시간이 얼마 남지 않았으니까. 그렇지 않니?"

"맞아요, 아빠!"

▲ **오스트랄로피테쿠스(왼쪽)과 호모 사피엔스 사피엔스(오른쪽)**
인류의 조상이라고 할 수 있는 '호모 사피엔스 사피엔스'는 약 4만 년 전에 나타났어요. 호모 사피엔스 사피엔스의 뜻은 '슬기로운 사람'입니다. 돌을 쪼개서 칼로 사용하고 물고기 낚시도 할 줄 알았어요.

"상체를 세워 두 발로 걷기 시작한 초기 인간 오스트랄로피테쿠스가 아프리카 남부지방에 자리를 잡았던 것은 약 250만 년 전이야. 그러니까 우리가 보고 있는 달력으로 셈하면 대략 12월 31일 밤 8시쯤이라고 할 수 있어."

"일 년의 마지막 날 밤 8시에 인간이 나타났다고요?"

"아니! 지금 우리 인류의 직계 조상이라고 할 수 있는 크로마뇽인, 즉 호모 사피엔스 사피엔스는 약 4만 년 전에 등장했어. 다시 말하자면 12월 31일 밤 11시 50분이 지날 무렵에 모습을 드러낸 셈이지!"

"우와! 지구상에 인류가 나타난 게 겨우 10분 전이라니……!"

미소는 놀라 벌어진 입을 쉽게 다물지 못했어요. 그래도 도무지 상상조차 할 수 없었던 우주의 나이에 대해서는 어느 정도 이해할 수가 있었어요. 물론 순전히 140억 살 된 우주의 나이를 1년으로 줄여 설명해 준 아빠 덕분이었지요.

잠시 후, 아빠가 무척 반가운 제안을 했어요.

"참, 여기서 멀지 않은 곳에 공룡 화석지가 있는데 가 보지 않을래?"

"제가 좋아하는 공룡들의 화석지가 이 근처에 있다고요?"

미소가 손뼉 치며 외쳤어요.

"자동차로 한 시간 정도 가면 도착할 수 있을 거야."

"그렇다면 당연히 가 봐야지요! 근데 엄마는요……?"

아빠가 빙그레 웃으며 확신하듯 말했어요.

"엄마한테도 물어봐야지. 근데 아마 많이 가 보지 않았을까? 또 할머니랑 오랜만에 만났으니까 할머니랑 얘기하고 싶으실 거야."

미소는 엄마한테 다가가 물어보았어요. 그런데 아빠 예상이 맞았네요. 엄마는 워낙 자주 가 봤던 곳이라 공룡 발자국 크기와 생김새까지 확실하게 기억할 정도라면서 아빠와 미소 둘이서만 다녀오라고 하셨어요.

드디어 내일 공룡의 흔적들을 볼 수 있는 화석지 탐방을 가게 돼요! 공룡의 흔적은 얼마나 크고 멋질까요? 미소는 설레는 마음으로 잠이 들었습니다

공룡의 흔적이 가득! '해남공룡박물관'

　우리나라에서도 공룡의 흔적을 만날 수 있어요. 그곳은 바로 전라남도 해남에 있는 '해남공룡박물관'입니다.

　해남공룡박물관에서는 공룡의 발자국을 볼 수 있어요. 이 발자국은 1992년 한국자원연구소가 땅의 모양과 성분을 조사하던 중에 발견되었다고 해요. 이때 발견한 사람들은 얼마나 놀랐을까요? 이후로 많은 조사가 이뤄졌고 세계적인 전문가들에게서 인정을 받아 2007년 박물관의 모습으로 세상에 공룡의 흔적을 보여주게 되었어요.

　해남공룡박물관은 세계 최초로 공룡·익룡·새 발자국이 같은 땅에서 발견된 지역으로 큰 의미가 있습니다. 천연기념물 제394호로 지정된 해남공룡박물관의 공룡·익룡·새 발자국은 공룡의 역사는 물론 땅의 수수께끼를 풀어주는 매우 소중한 자연유산이에요.

　박물관에는 알로사우루스 등 화석이 447점, 물갈퀴새발자국 1,000여 점, 익룡 발자국 443점, 별마크 달린 대형초식공룡 발자국 110점 등이 전시되어 있답니다. 또 야외 전시관에 여러 공룡모

형을 생생하게 만들어 전시해두었어요.

 '해남공룡박물관'은 그동안 수많은 방문객이 다녀갔는데, 2010년 10월 국내 최대 규모의 공룡테마파크를 조성한 이후 더욱 많은 어린이가 공룡을 만나러 찾아온다고 해요. 어린이 관람객이 재미있게 공룡을 만날 수 있도록 다양한 프로그램도 가득 준비해 두었답니다.

해남공룡박물관의 공룡 발자국과 야외 전시관의 공룡 모형이에요.

아빠랑 해남 우항리 공룡 화석지를 가다!

다음 날 아침, 미소는 얼른 아침을 먹고 외출 준비를 끝냈어요. 세계 최초로 익룡·공룡·물갈퀴 달린 새의 발자국이 동일한 지층에서 발견된 곳이라는 우항리 공룡 화석지(해남공룡박물관)를 어서 빨리 보고 싶었기 때문이지요.

평소 외출할 때마다 준비를 제일 빨리하는 사람은 늘 아빠였어요. 그런데 오늘은 이상하게도 느릿느릿합니다. 아빠의 움직임이 마치 느린 영상 구분 동작을 보는 것처럼 답답하게 느껴졌어요. 미소는 한참 만에 마당으로 나오신 아빠에게 쏘아붙

이듯 말했어요.

"아빠, 왜 이렇게 늦게 나와요!"

아빠가 씨익 웃으며 대꾸했어요.

"모처럼 우리 예쁜 딸이랑 둘이서 데이트하는 날인데, 멋지게 하고 나와야지."

"예쁜 딸이라고요?"

"그럼, 아빠 눈에는 우리 미소가 세상에서 제일 예쁘고 사랑스러운 아가씨인걸!"

역시 아빠는 미소의 뚱한 기분을 풀어주는 데 최고예요. 빠르게 치솟고 있었던 마음속 신경질 지수가, 아빠의 그 한마디 덕분에 거짓말처럼 제자리로 돌아와 버렸으니까요.

미소와 아빠는 그렇게 우항리 공룡 화석지를 향해 출발했어요. 그리고 송호리 외가를 나선 지 한 시간여 만에 해남군 황산면에 있는 해남공룡박물관에 도착했습니다.

"우와, 엄청 큰 공룡이다!"

두 눈이 동그랗게 커진 미소가 외쳤어요.

박물관 앞마당에 버티고 서 있는, 몸집이 웬만한 빌딩보다 더 커 보이는 거대한 공룡의 모습이 미소의 눈에 들어왔기 때문이지요.

"미소야, 저 공룡 이름이 뭔지 아니?"

미소가 고개를 가로저으며 말했어요.

"그동안 제가 본 공룡은 영화나 책에서 본 게 전부잖아요. 덩치가 커다란 공룡이 있다는 건 알고 있었지만, 설마 이렇게 거대할 거라고는 전혀 예상하지 못했거든요."

"그렇구나. 빨리 여기 데려올 걸 그랬네. 몸집이 엄청나게 큰 저 공룡의 이름은 '지진 도마뱀'이라는 뜻을 가진 세이스모사

세이스모사우루스

이름 뜻	지진(땅을 흔드는) 도마뱀
시대	쥐라기 후기
식성	초식
특징	지금까지 존재했던 동물 중 몸집이 제일 크지만 성격은 온순해요.

우루스야."

"이름이 왜 하필이면 지진 도마뱀이에요?"

"세이스모사우루스는 몸 길이가 30~50m에 이를 정도였어. 게다가 몸무게 또한 100톤 가까이 되었기 때문에 걸음을 한번 내디딜 때마다 지진이 일어난 것처럼 땅이 흔들렸을 거라는 생각에 그런 이름을 붙여 주었단다."

"호오, 그렇다면 제대로 붙여진 이름이네요!"

"그렇지? 세이스모사우루스는 지구상에 존재했던 동물 중 가장 크고 무거웠어. 하지만 성질이 온순한 초식공룡으로, 긴 목을 이용해 키 큰 나뭇잎을 뜯어 먹고살았지."

"그 거대한 몸을 유지하기 위해 먹는 양 또한 엄청났겠지요?"

"워낙 많이 먹어야 했기 때문에 충분히 씹을 시간이 없었을 거야. 그저 닥치는 대로 뜯어 삼키기에 바빴겠지. 세이스모사우루스의 뼈와 함께 발견된 화석을 살펴보니, 위 속에 주먹만 한 돌멩이가 230여 개나 들어있을 정도였어. 그걸 위석이라고 하는데 위석이 소화를 시켰던 거지."

"우와! 그렇게 많은 돌멩이를 뱃속에 담고 다녔다고요?"

"하루도 빠짐없이 막 뜯어서 대충 삼킨 엄청난 양의 나뭇잎

을 잘게 갈아 소화하려면 그 정도의 돌멩이가 필요하지 않았을까? 그래야 배탈이 안 나지."

미소는 고개를 끄덕였어요. 그리고 돌멩이를 이용해 뱃속에서 나뭇잎을 으깰 생각을 한 공룡이 무척 영리한 동물이었을 거라는 생각이 들었어요.

"그러니까 세이스모사우루스는 어려서부터 속이 더부룩할 때마다 적당한 크기의 돌을 찾아 삼키곤 했다는 얘기네요? 마치 소화불량에 걸린 사람이 소화제를 먹는 것처럼 말이에요."

"그러고 보니 무척 흥미롭구나. 돌을 삼켜 소화를 촉진시키게 된 게 본능 때문인지, 부모로부터 교육을 받았기 때문인지도 궁금하고……."

"아무튼 공룡이 엄청 영리했다는 거잖아요?"

"그렇진 않아. 하지만 1억 5천만 년이라는 엄청난 세월 동안 지구를 지배하면서 꾸준히 진화를 거듭했을 테니, 우리가 예상하는 것보다 훨씬 더 지혜로운 동물이었을 수도 있지."

세이스모사우루스에 대한 이야기를 나누다 보니, 미소와 아빠는 어느새 첫 번째 건물인 공룡박물관 안으로 들어서고 있었어요.

전시실이 예상했던 것보다 훨씬 다양하네요. 특히 고생대·중생대·신생대 등 지질시대의 기본적인 흐름부터 먼저 이해한 뒤, 공룡들이 살았던 시대를 더욱 깊이 있게 알아볼 수 있도록 한 박물관의 세심함이 돋보였어요.

바다 생물의 시대라고 할 수 있는 고생대와 파충류가 지구를 지배한 중생대, 그리고 포유류가 빠른 속도로 진화한 신생대 등, 지구 생명체의 전체적인 흐름에 대한 설명이 마음에 쏙 들었습니다.

하지만 여전히 궁금증은 남아 있었어요. 그래서 각 시대별 특징을 모두 꼼꼼하게 읽은 뒤 질문했습니다.

"아빠, 이 연대표는 도대체 어떻게 만들어진 거예요? 수억 년 전에 어떤 생물이 어떻게 살았는지 도대체 어떻게 알아내요?"

"지구가 45억 년 전에 생겼기 때문에 자세하게 알아내기란 어려운 일이지. 하지만 지금 이렇게 보고 있는 공룡의 흔적과 같은 화석이 있잖니."

"화석 같은 돌덩어리로 지구의 엄청난 역사를 알아낼 수 있다고요?"

"지구의 첫 연대표는 19세기에 화석 연구를 통해 만들어졌

고생대

바다 생물의 시대
약 6억 년 전부터 2억 2천5백만 년 전

육지에 다양한 식물과 곤충, 파충류가 생겨났어요. 숲도 울창했고 고생대 마지막 시기를 '페름기'라고 하는데 이때 최초의 공룡도 등장했지요. 페름기 때 큰 재앙으로 멸종이 있었고 이때 많은 공룡이 사라지기도 했어요.

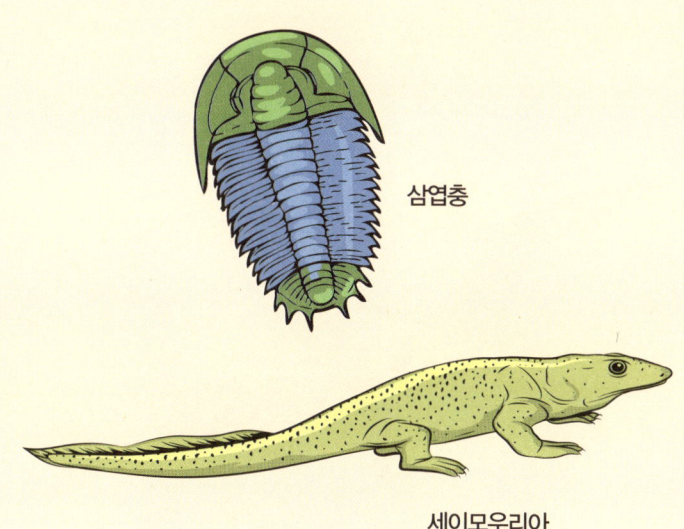

삼엽충

세이모우리아

중생대

파충류의 시대
약 2억 2천5백만 년 전부터 약 6천5백만 년 전

많은 공룡이 이때 등장해요. 초식공룡과 육식공룡 모두가 많았지요. 중생대를 세 가지로 나누는데 트라이아스기, 쥐라기, 백악기로 구분합니다. 씨가 바깥으로 드러난 '겉씨식물'이 많이 생긴 것도 이때예요. 중생대 마지막인 백악기 때 지구에 운석이 충돌해 자연재해가 일어나고 공룡은 멸종하고 맙니다

티라노사우루스

스카포그나투스

스테고사우루스

신생대

포유류가 진화한 시대
약 6천5백만 년 전부터 지금까지

포유류와 조류가 지구에 나타나고 매머드 같은 큰 동물도 등장해요. 하지만 지구가 꽁꽁 어는 빙하기를 맞이하면서 대부분 동물이 없어졌지요. 이후 인간의 조상들이 나타납니다.

매머드

인간

어. 그리고 20세기에 이르러서는 방사성탄소 연대측정을 이용해서 예전보다 구체적이고 더 정확한 연대표를 완성할 수 있게 됐지."

"방사성탄소 연대측정이라는 게 뭐예요?"

"생명이 있는 것들은 모두 호흡하면서 몸 안에 방사성탄소라는 걸 축적해. 그리고 죽더라도 방사성탄소는 남아 있어. 시간이 흐르면서 이것이 점점 적어지는데 이 방사성탄소가 얼마나 남아 있는지 알아보면 연대를 알 수 있어. 방사성탄소는 동물이나 식물 모두 측정하는데 뼈나 화석을 통해서도 잴 수 있지."

"우와, 엄청 신기해요!"

"학자들은 지구 전체 나이의 약 87%를 차지하고 있으면서 화석이 거의 나타나지 않는 시대를 은생누대라고 이름 붙였어. 그러니까 지구가 탄생한 45억 년 전부터 5억 년 전까지가 은생누대인 셈이지. 그 이후를 현생누대라고 해서 고생대·중생대·신생대로 구분한 다음 각 시대를 살았던 생명체들을 연구하기 시작한 거야."

"그러니까 지구도 40억 년 동안 아무것도 살지 않은 황무지 별이었다는 얘기네요? 화성이나 금성처럼 말이에요."

"맞아, 오랜 세월 동안 지구는 용광로처럼 끓어올랐어. 뜨거우니까 수증기가 뿜어져 나왔겠지? 그 수증기가 다시 비가 되어 내리면서 땅이 조금씩 식었어. 그런 게 반복되면서 물이 고여 바다가 생기는 등 생명체가 살 수 있는 별이 된 거야. 그러기까지 약 40억 년이 필요했지."

미소는 이제 억 단위의 시간이 자연스럽게 느껴졌어요. 어렸을 때 생긴 습관을 바꾸는 것만 해도 여러 해가 걸리는데, 지구가 탄생한 이후 생명체가 나타나고 진화를 거듭해 수많은 종으로 나누어지려면 그만한 시간이 필요할 거라고 생각하게 되었기 때문이지요.

공룡 이야기

공룡 화석은 어떻게 발견하고, 모형은 어떻게 만들까?

　공룡 화석은 대부분 돌을 캐다가 발견되곤 한답니다. 공룡은 수천만 년이 흐르는 동안 땅속 깊은 곳에서 바위가 되어 있는 상태예요. 그래서 쉽게 발견하기 어려운데 광석을 캐거나 공사를 하면서 땅속에서 공룡 화석이 나타나곤 하지요.

　화석이 발견되면 학자들이 찾아와 정말 공룡 화석이 맞는지 알아본 후 발굴할지를 결정해요. 그런데 화석을 발굴해내는 과정은 무척 어려워요. 공룡의 뼈대가 머리부터 발끝까지 고스란히 묻혀

있는 경우에는 더더욱 그렇고요. 가능한 한 본래의 모습 그대로 땅속에서 꺼내야 하니까요.

처음에는 큰 포크레인이나 도구를 이용해 화석을 감싸고 있는 암석을 떼어낸 후, 다음에는 붓이나 칫솔, 또는 이쑤시개와 같은 작은 도구로 화석의 바깥 표면이 보일 때까지 파내 약품으로 감쌉니다. 수천만 년 만에 세상 빛을 본 공룡 뼈가 깨지거나 상하지 않아야 하니까요.

공룡 이야기

화석으로 공룡 모형은 어떻게 만들어 낼까?

머리부터 발끝까지 다 남아 있는 화석은 굉장히 드물어요. 그래서 없는 뼈는 사람이 만들어 채워 넣어야 하는데 이를 '복원'이라고 합니다.

뼈 복원에는 몇 가지 방식이 있어요. 같은 종의 다른 공룡 뼈 화석으로 대체해서 끼워 넣는 것이 가장 일반적이라고 하네요. 두 마리 이상의 뼈를 합쳐 하나의 뼈대를 만드는 경우도 많고요. 하지만 이런 방법을 사용할 수 없는 경우에는 나무나 도자기 등을 이용해 뼈를 만들어줍니다.

초기의 육식공룡과 초식공룡

초기의 육식공룡은 생김새가 매우 다양했고, 크기 역시 천차만별이었던 것으로 알려져 있어요. 하지만 모든 종류의 육식공룡이 다 살아남을 수는 없었지요. 분포 지역의 자연환경과 먹이 경쟁을 이겨내야만 종족 보존이 가능했을 테니까요.

초기 육식공룡으로는 딜로포사우루스(Dilophosaurus)가 가장 대표적이라고 해요. 몸길이가 6m가량이었던 이 공룡은 전기 쥐라기(2억 1백만 년 전~1억 7천4백만 년 전)에 살았는데, 미국 애리조나주와 중국 남부지방에서 발견되었지요. 튼튼한 뒷다리와 짧은 앞다리를 가졌는데, 먹잇감을 사냥할 때 티라노사우루스처럼 빠른 속도가 가장 큰 무기였답니다.

초기 육식공룡인 딜로포사우루스.
왼쪽이 암컷, 오른쪽이 수컷이에요.

그 외의 초기 육식공룡으로는 헤레라사우루스, 에오랍토르, 코엘로피시스 등이 있어요.

초기의 초식공룡 역시 크기와 형태가 무척 다양했다고 해요. 대표적인 공룡으로는 헤테로돈토사우루스(Heterodontosaurus)가 있는데, 전기 쥐라기(1억 9천9백만 년 전~1억 9천6백만 년 전)에 아프리카 대륙 남쪽 지역에서 살았지요. 헤테로돈토사우루스는 주로 풀을 먹었지만 작은 포유류를 먹기도 해서 잡식으로 분류하기도 해요.
헤테로돈토사우루스의 이름은 '여러 가지 이빨 도마뱀'이라는 뜻이에요. 그런 이름이 붙여진 까닭은 헤테로돈토사우루스가 쓰임새가 제각각인 세 종류의 이빨(날카로운 앞니, 뾰족한 송곳니, 뭉툭한 어금니)을 갖고 있었기 때문이랍니다.
그 이외의 초기 초식공룡으로는 플라테오사우루스, 켄트로사우루스, 레소토사우루스 등이 있어요.

공룡의 종류는 왜 그토록 다양했던 거예요?

두 번째로 들어간 공룡실에는 여러 종류의 공룡 화석이 전시되어 있었어요. 특히 알로사우루스의 화석은 모형이 아니라 진품이래요. 육식공룡 알로사우루스는 쥐라기 후기에 번성했으니까 최소한 약 1억 3천5백만 전에 살았던 생명체의 화석을 실제로 보게 된 거예요.

그런데 예상보다 공룡의 종류가 너무 많아서 미소는 살짝 당황했어요. 솔직히 미소가 공룡을 좋아하게 된 건 만화에 나오는 귀여운 아기공룡 때문이었거든요. 물론 공룡에 관심이 많아지면서 책을 보거나 인터넷을 검색해 다양한 공룡과 가까워졌어요. 그러면서 육지에 사는 공룡과 바다에 사는 어룡, 그리고 하늘을 날아다니는 익룡이 있다는 사실을 알게 되었지요.

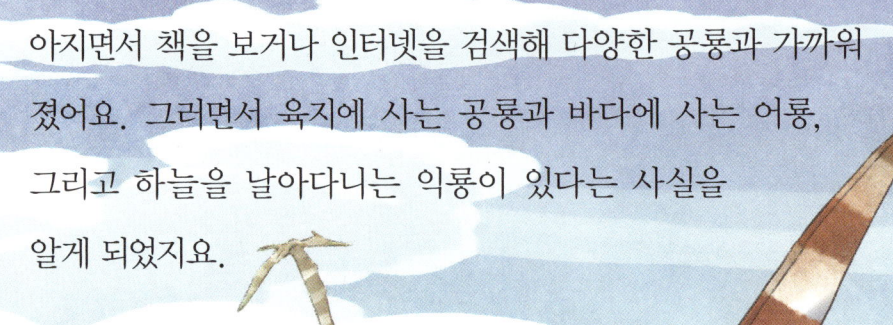

프테라노돈	
이름 뜻	날개는 있지만 이빨은 없다.
시대	백악기 후기
식성	육식(물고기를 잡아 먹어요.)
특징	몸은 작지만 무척 잘 날아요.

그런데 박물관 전시실에 들어와 보니 미소가 알고 있는 공룡의 종류는 그야말로 아주 조금에 불과했어요. 대부분이 이름조차 들어 본 적이 없는 공룡들이었고요. 그래서 아빠에게 계속 질문할 수밖에 없었어요.

"아빠! 사람은 피부 색깔이 서너 종류잖아요. 그런데 공룡의 색깔은 왜 이렇게 다양해요?"

"내 생각에 사람과 공룡을 비교하는 건 옳지 않은 거 같은데……."

"왜요?"

"공룡은 오늘날의 파충류와 조류의 조상이야. 그렇다면 우리 인간이 속해 있는 영장류 위 단계인 포유류와 비교하는 게 맞지 않을까?"

"아, 그렇구나! 제가 단순하게 사람만 떠올렸네요. 근데 그래도 공룡의 종류가 너무 많은 거 아닌가요?"

"공룡은 지구에 오래 살았잖아. 인간을 비롯한 포유류는 그것보다 훨씬 짧게 살았지."

"약 1억 5천만 년 동안 지구를 지배했던 공룡에 비해, 그 이후에 나타난 포유류의 역사는 훨씬 더 짧다는 얘긴가요?"

"포유류는 신생대가 시작된 6천5백만 년 전 대멸종 사건 이후에 등장해 전성기를 맞이했거든. 그리고 오늘날 지구상에는 5천여 종의 포유류가 살아가고 있어."

미소는 고개를 끄덕였어요.

포유류에 비해 공룡이 살았던 기간이 약 2.3배 이상이므로 다양한 종으로 진화할 수 있었을 테지요. 게다가 아직 발견하지 못한 것까지 합치면 상상을 초월할 만큼 많을 가능성도 있고요.

"아빠! 공룡 책을 보면 '조반류'니 '용반류'니 하는 말이 늘 나와요. 그게 무슨 말이에요?"

"우리가 생물을 동물과 식물로 나누고, 동물은 또 척추동물과 무척추동물로 나누는 걸 분류라고 하는데, 공룡 역시 크게 조반류와 용반류로 나눌 수 있어."

"어떤 차이가 있어서 그렇게 나누는 건데요?"

"공룡의 엉덩이뼈가 어떤 모양을 하고 있느냐가 기준이야."

"히히, 웃긴다! 왜 하필이면 엉덩이뼈래요?"

"공룡의 엉덩이뼈는 장골·좌골·치골 등 세 종류의 뼈로 이루어져 있는데, 종류에 따라 좌골과 치골이 전혀 다른 모습을 보이거든."

"같은 공룡인데도 엉덩이뼈 생김새가 다르다고요?"

"응, 새의 엉덩이뼈처럼 좌골과 치골이 나란히 뒤쪽을 향해 있는 공룡을 조반류라고 해. 새를 뜻하는 '조(鳥)' 자를 써서 말이야. 반면에 도마뱀의 엉덩이뼈처럼 좌골과 치골이 서로 반대

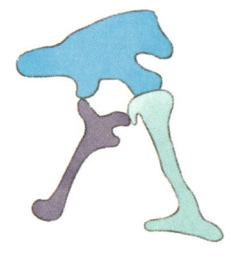

▲ 도마뱀의 골반을 닮은 공룡을 '용반류'

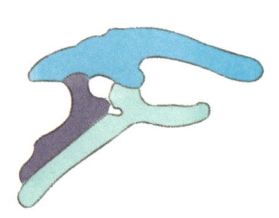

▲ 새의 골반을 닮은 공룡을 '조반류'

쪽을 향해 'ㅅ' 모양을 하고 있는 공룡을 용반류라고 하는데, 여기에 들어가는 글자 '용(龍)'은 도마뱀을 의미하고 있지."

"아, 그렇구나! 그렇게 나누어진 조반류와 용반류는 또다시 여러 종으로 갈라졌겠지요?"

"당연하지. 조반류는 또 각룡류·검룡류 등 다양한 종으로 나누어지는데, 어떤 종에 속해 있든 조반류는 모두 초식이야. 용반류 역시 용각류와 수각류 공룡으로 나누어지는데, 이 가운데 티라노사우루스 등 모든 육식 공룡은 수각류에 포함된 공룡들이란다."

미소는 공룡의 종류가 많아 복잡하지만 식성이나 시대별로 구분해 놓으면 더 잘 알 수 있겠다는 생각이 들었어요. 물론 공룡들의 이름과 발음이 워낙 낯설고 어렵기 때문에 종종 헷갈리곤 하겠지만 말이에요.

"그런데 아빠, 언제 어떤 종류의 공룡이 처음으로 나타났던 거예요?"

"많은 사람이 '공룡' 하면 '쥐라기'를 떠올리곤 해. 예전에 〈쥐라기 공원〉이라는 영화가 있었는데 워낙 인기를 끌었거든. 하지만 학자들은 공룡이 처음 등장했던 시기가 페름기였던 것으로 추측하고 있어."

"페름기? 히잉! 질문만 하면 낯선 단어가 나오네……."

"모든 나라에서 공통으로 사용하고 있는 용어이기 때문에 우리말로 대체가 불가능하니, 어려워도 어쩔 수가 없구나. 여하튼 페름기란 고생대 6기 중 끝부분으로 2억 7천만 년 전부

▲ **세이모우리아**
양서류와 파충류의 중간으로 원시 파충류라고 할 수 있어요.

터 2억 3천만 년 전까지의 지질시대를 일컫는 말이야."

"어? 그렇다면 중생대 이전에도 공룡이 있었다는 얘기네요?

"그렇지. 미국 텍사스의 페름기 초기 지층에서 세이모우리아(Seymouria)의 화석이 발견됐는데, 녀석의 몸 구조는 양서류와 파충류의 중간형에 몸길이 약 60cm의 네발 동물이었어. 또한 페름기 후기 지층에서는 디메트로돈과 에다포사우루스의 화석이 발견되었지. 그러니까 고생대의 마지막을 알리는 페름기 대멸종 사건 이전부터 공룡은 존재했던 셈이야."

"결국 대멸종 사건을 이기고 살아남은 공룡들이 파충류의 시대인 중생대의 주인공이 되었다는 거네요?"

"중생대 트라이아이스기가 시작될 때까지만 해도 몸집 큰 원시 파충류와 몸길이가 60cm 정도에 불과했던 작은 공룡 에우

파르케리아(Euparkeria) 등이 함께 살았어. 그 이후 공룡은 꾸준히 진화를 거듭했지. 약 4천만 년이 흐른 트라이아이스기 후기에는 몸길이가 10m에 이르는 초식공룡 리오자사우루스(Riojasaurus)나 3.5m 크기의 몸집에 날카로운 이빨과 발톱으로 원시 포유류와 작은 초식공룡을 잡아먹었던 육식공룡 헤레라사우루스(Herrerasaurus) 등 수많은 공룡이 등장했단다."

"그때까지만 해도 세이스모사우루스처럼 덩치가 엄청나게 큰 공룡이나 티라노사우루스처럼 사나운 공룡은 나타나지 않았던 거네요?"

"초식공룡들의 몸집이 꾸준히 커지고 있었어. 리오자사우루스나 플라테오사우루스는 9m 정도였고, 루펜고사우루스와

플라테오사우루스

이름 뜻	납작한 도마뱀
시대	중생대(후기 트라이아이스기)
식성	초식
특징	초기의 커다란 공룡이에요.

마소스폰딜루스의 몸길이 역시 6m와 4m에 이르렀거든."

"육식공룡들은 어떤 모습으로 진화했어요?"

"헤레라사우루스는 물론, 새벽의 약탈자라는 뜻의 에오랍토르와 스타우리코사우루스 등 육식공룡들은 대부분 오늘날의 캥거루와 비슷한 생김새를 갖고 있었어. 튼튼한 뒷다리를 한껏 이용해 사냥감을 쫓아간 다음, 가늘고 긴 발가락이 달린 앞다리로 먹이를 효과적으로 움켜쥔 뒤 뜯어먹었던 거야. 육식공룡이었던 만큼 날카로운 이빨은 필수요소였고……."

헤레라사우루스

이름 뜻	헤레나의 도마뱀(화석을 발견한 사람이 '헤레라'입니다.)
시대	중생대(후기 트라이아이스기)
식성	육식
특징	굉장히 빨리 달려요.

파르케리아(Euparkeria) 등이 함께 살았어. 그 이후 공룡은 꾸준히 진화를 거듭했지. 약 4천만 년이 흐른 트라이아이스기 후기에는 몸길이가 10m에 이르는 초식공룡 리오자사우루스(Riojasaurus)나 3.5m 크기의 몸집에 날카로운 이빨과 발톱으로 원시 포유류와 작은 초식공룡을 잡아먹었던 육식공룡 헤레라사우루스(Herrerasaurus) 등 수많은 공룡이 등장했단다."

"그때까지만 해도 세이스모사우루스처럼 덩치가 엄청나게 큰 공룡이나 티라노사우루스처럼 사나운 공룡은 나타나지 않았던 거네요?"

"초식공룡들의 몸집이 꾸준히 커지고 있었어. 리오자사우루스나 플라테오사우루스는 9m 정도였고, 루펜고사우루스와

플라테오사우루스

이름 뜻	납작한 도마뱀
시대	중생대(후기 트라이아이스기)
식성	초식
특징	초기의 커다란 공룡이에요.

마소스폰딜루스의 몸길이 역시 6m와 4m에 이르렀거든."

"육식공룡들은 어떤 모습으로 진화했어요?"

"헤레라사우루스는 물론, 새벽의 약탈자라는 뜻의 에오랍토르와 스타우리코사우루스 등 육식공룡들은 대부분 오늘날의 캥거루와 비슷한 생김새를 갖고 있었어. 튼튼한 뒷다리를 한껏 이용해 사냥감을 쫓아간 다음, 가늘고 긴 발가락이 달린 앞다리로 먹이를 효과적으로 움켜쥔 뒤 뜯어먹었던 거야. 육식공룡이었던 만큼 날카로운 이빨은 필수요소였고……."

헤레라사우루스

이름 뜻	헤레나의 도마뱀(화석을 발견한 사람이 '헤레라'입니다.)
시대	중생대(후기 트라이아이스기)
식성	육식
특징	굉장히 빨리 달려요.

"아, 빠른 속도와 날카로운 이빨!"

아빠가 전시장의 공룡 화석들을 가리키며 말을 이었어요.

"네 발이 모두 긴 거대한 초식공룡과, 상대적으로 작은 몸집에 앞다리와 뒷다리의 생김새가 전혀 다른 육식공룡은 한눈에 봐도 구분이 되지 않니?"

"맞아요, 아빠. 뼈만 앙상하게 남은 화석이라서 그런지, 같은 공룡이라는 사실이 믿어지지 않을 정도예요. 그런데 육식공룡들은 자신보다 수십 배나 더 큰 몸집의 초식공룡을 어떻게 잡아먹었을까요? 초식공룡들 역시 스스로를 보호하기 위한 방어 수단을 찾았겠죠?"

"육식공룡이 제아무리 날렵하다 해도 혼자서는 감히 공격할 엄두조차 낼 수 없었을 거야. 여러 마리가 사방에서 공격을 해 덩치 큰 초식공룡의 혼을 쏙 빼놓은 다음, 방어할 힘이 완전히 떨어졌다 싶을 때 최후의 일격을 가했겠지."

"그렇다면 초식공룡들은 어떤 방법으로 자기 자신을 보호했어요?"

"지금 우리가 살펴보고 있는 트라이아이스기 때까지만 해도 커다란 꼬리를 뒤흔들어 육식공룡을 쫓거나, 날카로운 이빨을

방어하기 위한 두꺼운 피부 정도가 전부였어. 하지만 육식공룡들이 더욱 포악해진 쥐라기에 이르러 새로운 무기를 개발한 초식공룡들이 속속 등장하기 시작했단다."

"본격적인 생존 경쟁 시대의 막이 오른 거네요!"

"오호! 대단히 좋은데!"

"뭐가요, 아빠?"

"본격적인 생존 경쟁 시대라는 표현 말이야."

▲ 몸집이 큰 초식공룡을 육식공룡이 공격하고 있어요.

"헤헤, 그런가요? 그 정도쯤이야 뭐……."

이제 이야기는 미소가 얘기한 본격 경쟁 시대, 그러니까 덩치 큰 초식공룡과 날렵하고 포악한 육식공룡들이 목숨을 걸고 싸움을 벌였던 쥐라기 이후로 넘어갈 거예요.

미소와 아빠의 발걸음이 어느새 생존을 위한 공룡들의 사투를 직접 확인할 수 있는 '중생대 재현실'로 들어서고 있었으니까요.

공룡 이야기

공룡의 몸 크기는 얼마만큼일까요?

상상을 초월할 만큼 거대했던 공룡의 몸집

　많은 사람들이 공룡의 크기에 대한 궁금증을 갖고 있어요. 하지만 공룡의 몸집이 얼마나 컸는지 정확하게 대답하기란 쉬운 일이 아니랍니다. 완전한 형태를 갖춘 공룡 화석이 자주 발견되지 않기 때문에, 공룡 몸의 일부를 이루고 있던 화석 뼈를 기준으로 녀석의 몸집을 유추할 수밖에 없는 까닭이지요. 또한 육식공룡과 초식공룡의 차이가 매우 크기 때문에 따로 구분해야만 하고요.

　먼저 육식공룡의 경우 포악한 성격으로 유명한 티라노사우루스 렉스를 꼽을 수 있어요. 백악기 후기에 북아메리카와 아시아 대륙을 호령했던 이 공룡은 몸길이가 최대 14m에 이르렀고, 몸무게는 약 7톤 정도였답니다. 또한 백악기 전기에 아프리카에서 살았던 스피노사우루스의 몸길이는 18m까지 자랐으며, 몸무게는 6~7톤가량이었다고 해요. 그러니까 몸집의 크기는 버스의 1.5배 정도였고, 몸무게는 동물원에서 볼 수 있는 가장 큰 코끼리와 비슷했던 셈이지요.

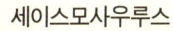
세이스모사우루스

　한편, 초식공룡의 경우 백악기 후기에 남아메리카에서 살았던 아르젠티노사우루스의 몸집이 매우 컸어요. 다만 발견된 화석이 매우 일부분이어서 몸집의 크기가 정확하다고 장담할 수는 없지만 몸길이 약 40m에 몸무게는 약 80톤이었을 것으로 추정하고 있답니다. 또한 쥐라기 후기 북아메리카에서 살았던 세이스모사우루스 역시 그와 비슷한 몸집을 갖고 있었던 것으로 밝혀졌어요.

　그런데 공룡의 몸길이는 사람의 키와 달라요. 2족 보행을 하는 사람의 키는 뾰족한 모양이지만, 주로 4족 보행을 하는 공룡은 길게 넘어져 있는 모습이에요. 따라서 공룡의 몸길이와 비교할 수 있는 대상은 뾰족하게 서있는 건물보다 납작한 모양의 기차가 더 마땅해요. 다시 말해서 아르젠티노사우루스와 세이스모사우루스는 기차 2량을 붙여놓은 정도의 몸길이에, 코끼리 열두 마리를 합한 몸무게를 갖고 있었던 셈이랍니다.

육식공룡의 공격 전술과 초식공룡의 방어 전략!

중생대 재현실은 마치 수천 년 전 지구를 고스란히 옮겨 놓은 듯, 환상적인 분위기였어요. 다양한 색깔의 예쁜 조명이 사방에서 쏟아져 나와, 동화 속 나라로 들어온 듯했지요.

하지만 그 위에서 벌어지는 일은 그야말로 무시무시한 전쟁 그 자체였답니다. 초식공룡 에드몬토사우루스를 공격하는 육식공룡 티라노사우루스의 모습이 생생하게 연출되고 있었거든요.

"아빠, 육식공룡들은 어떻게 날쌘 몸놀림과 엄청난 힘의 턱, 그리고 날카로운 이빨까지 갖게 되었을까요?"

▲ 몸집이 큰 초식공룡 에드몬토사우루스를 공격하는 육식공룡 티라노사우루스

"초기 육식공룡들의 주요 먹이는 곤충이나 파충류였어. 따라서 풀을 뜯어 먹고사는 초식공룡에 비해 훨씬 적은 양을 먹고도 체력을 유지할 수 있었지."

"네, 아무래도 고기에 영양분이 더 많이 들어있을 테니까요."

"그런데 사냥이라는 게 결코 쉬운 일이 아니야. 그 어떤 먹잇감도 '나 여기 있으니 얼른 잡아먹으세요!' 하며 기다려 주지는 않거든."

"히히, 맞아요! 다큐멘터리 프로그램에서 봤는데, 세상에서 가장 느리다는 달팽이도 개미들이 달려드니까 끈적끈적한 체액을 분비하면서 엄청 열심히 도망치더라고요."

"육식공룡은 사냥감을 따라잡기 위해 뒷다리 근육을 발달시켜 최대한 빨리 달릴 수 있는 능력자가 되었을 거야. 그러면서 성공률이 무척 높아졌겠지. 하지만 사냥감은 걸핏하면 도망치고 말았어."

"그 무시무시한 육식공룡한테서 어떻게 도망을 쳐요?"

"초기의 육식공룡은 앞발이 무딘 편이었거든. 앞발이 가늘지도 않았고, 발가락이 길지도 않았지. 또 이빨도 그다지 날카로운 편이 아니어서 단번에 치명상을 입힐 수가 없었던 거지."

"아! 그렇게 자꾸 놓치다 보니 먹이를 쉽게 움켜쥘 수 있도록 가늘고 긴 앞발로 거듭나게 되었고, 턱과 이빨 역시 강력한 무기로 사용할 수 있도록 진화한 거네요."

"그렇지. 육식공룡은 수천만 년에 걸친 노력으로 최고의 사냥꾼이 된 거야."

"하지만 초식공룡들 역시 살기 위해서 진화했겠지요?"

"당연하지. 스스로를 보호하기 위한 초식공룡들의 진화는 크게 세 가지 유형으로 나누어진단다."

▲ 육식공룡 티라노사우루스(위)와 티라노사우루스과에 속하는 알리오라무스(아래)
알리오라무스가 먼저 태어난 공룡이에요. 시간이 지나며 육식공룡의 턱과 앞발은 발달했어요.

"육식공룡들이 감히 접근할 수 없을 만큼 몸집을 엄청나게 키우는 방법 말고 다른 게 있다는 건가요?"

"미소 얘기처럼 초식공룡들은 몸집을 엄청 늘렸어. 그러면서 육식공룡의 무자비한 공격을 조금이나마 피할 수 있었어. 대표적인 예가 카마라사우루스로, 몸길이 20~23m에 몸무게가 무려 20~47톤에 이르렀지. 이처럼 덩치가 워낙 크다 보니 육식공룡들도 사냥할 때 쉽지 않았을 거야. 자칫 잘못하면 밟히거나 깔려 죽기 십상이었을 테니까."

"또 다른 방법으로는 뭐가 있는데요?"

"반대로 몸집을 아주 작게 줄인 초식공룡도 있어. 대신 빠르게 움직여서 공격을 피했지. 에피덱시프테릭스는 몸길이가 겨우 25cm 정도로 오늘날의 카멜레온과 비슷한 모습이야. 땅바닥과 나무 위를 자유롭게 오가며 살았던 에피덱시프테릭스는 꼬리 끝에 리본처럼 생긴 깃털이 네 가닥이 있었는데, 마음에 드는 이성을 만나면 그 깃딜을 펼쳐 호감을 표시했을 것으로 짐작하고 있단다."

"비록 공룡이지만, 애완용으로 키우고 싶을 만큼 귀여웠을 거 같아요."

"애완용 공룡이라니 재미있는 상상이구나. 카마라사우루스나 에피덱시프테릭스처럼 몸집을 키우거나 줄이지 않은 공룡들은 여러 가지 무기를 개발해 육식공룡과 맞서 싸웠어."

"사람이 전쟁하는 것처럼 무기를 들고 싸웠다고요?"

"……!"

동공지진 상태의 아빠 눈동자를 확인한 미소는 곧바로 자신의 질문이 얼마나 엉뚱했는지 깨달았어요. 무기와 개발이라는 단어 때문에 미소 자신조차도 예상하지 못한 말이 그만 툭 튀어나와 버린 것이었지요.

아빠는 곧 빙긋 웃으며 설명을 이어갔어요.

"트리케라톱스는 코뿔소처럼 강하고 튼튼한 코 뿔은 물론, 이마에도 크고 날카로운 뿔이 두 개가 더 달려있었어. 게다가

트리케라톱스

이름 뜻	얼굴에 뿔이 세 개
시대	중생대(후기 백악기)
식성	초식
특징	큰 뿔을 무기로 쓰며 빨리 달리지는 못해요.

머리 뒤쪽으로는 부채 모양의 갈퀴가 있어서 육식공룡이 목을 물어 공격할 수 없도록 진화했단다."

"그러니까 코뿔소의 몸뚱이와 코에 임팔라의 뿔, 그리고 목도리도마뱀의 목도리까지 하고 있었던 거네요?"

"허허, 듣고 보니 미소 말이 딱 맞아!"

"또 안킬로사우루스라는 녀석은 어마어마한 무기가 있었지."

"어떤 무기였는데요?"

"안킬로사우루스의 몸길이는 8~11m로 갑옷처럼 딱딱한 피부를 가진 초식공룡 중에서 가장 큰 편이야. 몸통 전체를 단단한 뼈로 된 갑옷이 뒤덮고 있는 데다, 뾰족한 가시까지 갖고 있어서 몸을 웅크리거나 땅바닥에 납작 엎드리면 육식공룡의 발톱이나 이빨이 들어갈 곳이 없었지. 게다가 안킬로사우루스는 꼬리 끝에는 큼지막한 몽둥이가 하나 달려있었어."

"몽둥이요?"

"응, 몽둥이! 안킬로사우루스는 꼬리 끝에 큼직한 몽둥이가 하나 달려있었어. 그 몽둥이를 공격하는 육식공룡을 물리치는 데 썼는지 아니면 같은 종족들끼리 싸울 때 썼는지 밝혀지진 않았어. 그래도 어떤 식으로든 무기로 쓰지 않았을까?"

"몽둥이 덕분에 살 수는 있었겠지만, 그 무거운 걸 꼬리 끝에 매달고 다니느라 엄청 힘들었겠다!"

"잡아먹히는 것보다 힘든 게 더 낫지 않았을까? 게다가 안킬로사우루스는 탱크처럼 탄탄하고 다부진 몸을 갖고 있어서 네가 걱정할 만큼 낑낑거리지는 않았을 거야. 그리고 백악기 후기의 초식공룡 유오플로케팔루스는 무려 30Kg에 달하는 몽

안킬로사우루스

이름 뜻	연결된 도마뱀
시대	중생대(후기 백악기)
식성	초식
특징	꼬리에 커다란 곤봉이 있어요.

둥이를 꼬리 끝에 달고 다니며 공격해오는 육식공룡을 한 방에 해치우곤 했는걸!"

"이런, 무섭다. 그래도 저는 초식공룡이 좋아요!"

"많은 어린이가 초식동물을 좋아할 거야. 하지만 육식공룡이 없었다면 오늘날의 지구는 전혀 다른 모습으로 변해 있었을지도 몰라!"

"네? 왜요?"

"천적이 없는 초식공룡의 숫자가 마구 늘어나 식물들을 모조리 먹어버리지 않았을까? 그러면 지구는 차츰 사막으로 변했을 테고, 그 결과 운석이 충돌한 백악기 말이 되기도 전에 초식공룡 역시 배고픔을 견디지 못해 멸종할 수밖에 없었겠지. 그래서 우리가 상상할 수조차 없는 엉뚱한 생명체가 지구를 지배했을 가능성도 있지 않았겠어?"

"어? 그러네요. 육식공룡을 무작정 미워할 일도 아니고요!"

"맞아, 야생에서의 포식자는 먹이사슬을 통해 동물의 개체수를 조절해 주는 중요한 역할을 해. 그래서 반드시 필요한 존재지."

"무슨 뜻인지 이해했어요, 아빠. 곰곰이 생각해 보면 이 세

상의 모든 생명체는 전부 다 반드시 필요한 존재인 거 같아요. 보기에는 그저 징그럽기만 한 지렁이가 땅을 비옥하게 하는 것처럼 말이에요."

"우와, 우리 미소가 그렇게 기특한 생각을 하다니…… 아홉 살이 아니라 중고등학교에 다니는 언니오빠들 만큼 생각하는 것 같은데!"

아빠의 칭찬에 미소는 배시시 웃기만 했어요. 자칫하다 또다시 엉뚱한 말이 불쑥 나오기라도 하면 낭패가 아닐 수 없었으니까요. 그래서 재빨리 분위기 전환용 질문을 했답니다.

"아빠, 쥐라기에는 어떤 공룡이 지구를 지배했어요?"

"공룡의 종류가 워낙 다양해졌을 뿐만 아니라, 각 대륙은 물론 지역별로 서로 다른 종의 공룡이 살고 있었기 때문에 어떤 공룡이라고 말할 수는 없을 것 같구나. 그 대신 쥐라기에 나타난 독특한 공룡은 간추려 얘기할 수 있겠지."

"독특한 공룡이라면, 어떤……?"

아빠의 시선이 중생대 재현실의 천장을 향했어요. 그곳에는 익룡이 커다란 날개를 이용해 하늘을 자유롭게 날고 있었지요. 미소는 아빠가 어떤 이야기를 들려줄지 궁금해졌어요.

공룡 이야기

몸집이 거대한 초식공룡의 하루 식사량은 어느 정도였을까요?

몸집이 커다란 공룡은 대부분 용각아목에 속하는 공룡이에요. 이들은 목이 긴 초식공룡 무리로, 긴 목을 이용해 나무 꼭대기에 있는 연한 잎을 뜯어 먹었던 것으로 알려져 있어요. 또 몸의 균형을 맞추기 위해 꼬리 역시 길어져 전체 몸길이가 크게 늘어났고요.

그렇다면 이 공룡들이 하루에 얼마나 많이 먹었을까요?

오늘날 지구에서 가장 큰 육상동물은 코끼리예요. 몸무게가 5톤가량인 성체 코끼리는 하루 평균 약 200Kg 정도의 풀을 먹어야 체력을 유지할 수 있답니다. 그래서 몸길이 25m에 몸무게가 30톤이었던 중간 크기 용각아목 공룡에 이를 적용해 보면 하루에 최소한 1톤

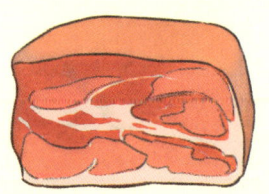

이상의 풀을 먹었을 것이라는 짐작을 할 수 있어요.

 하지만 여기에는 한 가지 변수가 있어요. 공룡이 항온동물이었는지 변온동물이었는지에 따라 식사량이 크게 달라졌을 것이기 때문이지요.

 공룡의 몸이 스스로 열을 만들어내는 항온성이었다면 녀석들은 계절이나 기온에 상관없이 활동했을 거예요. 하지만 몸을 따뜻하게 유지하기 위해 엄청난 에너지가 필요했겠지요. 따라서 하루 1톤 이상의 풀을 먹어야만 해요. 그러지 않으면 거대한 몸을 움직일 힘을 낼 수 없었을 테니까요.

 반면에 공룡이 오늘날의 파충류처럼 변온동물이었다면 체온을 일정하게 유지하기 위한 에너지가 필요하지 않았겠지요. 물론 기온이 떨어지는 밤이나 겨울에는 몸이 굳어 마음대로 움직이지 못했을 테지만요. 학자들은 공룡이 만약 변온동물이었을 경우 항온동물의 20% 정도인 약 200Kg 정도의 먹이만으로도 생존이 가능했을 것으로 예상한답니다.

수많은 종의 공룡이 나타난 쥐라기의 지구

"쥐라기가 되면서 기온이 올라가 해수면이 높아졌어. 트라이아스기에 비해 지구 전체의 습도 역시 올라가면서 사막은 초원이 되고 초원은 울창한 숲이 되었지."

"그러니까 풍부한 먹이가 많아져서 초식공룡들이 번성하게 되었고, 육식공룡도 같이 늘어나 공룡의 전성시대가 되었던 거네요?"

"그렇지. 사람들이 대수롭지 않게 여기는 기온 변화는 지구 전체의 운명을 바꿔버릴 수 있는 엄청난 힘을 갖고 있어. 물론 하루 이틀 사이에 벌어지는 일은 아니지만 말이야."

"아, 그래서 지구온난화현상을 걱정하는 전문가나 사회 활동가들의 이야기가 자꾸 나오는 거네요?"

"인류문명이 발달하면서 각종 오염물질이 나왔지. 대기가 오염되고 지구온난화현상이 발생했어. 그 결과 예전에 경험하지 못했던 엄청난 자연재해가 빈번하게 일어나고 있는데, 대부분의 사람이 그냥 구경만 하고 있지."

"우리가 뭘 해야 하는 건데요?"

"자연보호는 '나 하나쯤'이야 하는 생각을 버리고, '나부터 실천'해야 한다는 생각에서 시작되는 거야. 또 큰 것을 찾기보다는 작은 것부터 실천에 옮기는 것이 지구의 내일을 위한 첫걸음을 내딛는 일이고……!"

"음식 찌꺼기나 작은 과자봉지 하나라도 반드시 분리수거하는 게 중요하다는 말씀이지요?"

"바로 그거야. 역시 우리 미소는 하나를 알려주면 열 개를 깨우치는 어린이라니까!"

아빠는 항상 칭찬을 잘해주세요. 뭔가 실수를 했을 때도 꾸중보다는 지적을 해 주시고 잘한 일에 대해서는 칭찬을 잔뜩 해주세요.

어찌어찌하다 보니 이야기가 엉뚱한 방향으로 흘러가고 말았네요. 쥐라기 기온 상승에서 지구온난화와 자연보호에 이르기까지요.

"아빠, 쥐라기 때 등장한 독특한 공룡에 대한 얘기 중이었는데……."

"아차, 그랬었지! 저기 천장에 매달린 익룡처럼 하늘을 날았던 공룡이자, 모든 새의 조상인 시조새가 등장한 때가 바로 쥐라기였어. 화석으로 확인된 시조새의 골격은 공룡과 새의 중간 단계 정도를 보이고 있단다."

"그렇다면 처음에는 평범한 공룡이었다가, 세월이 흐르면서 새와 같은 모습으로 바뀌어 갔다는 얘기네요?"

"응, 몸길이가 40~50cm 정도인 시조새는 작고 날렵한 육식공룡에서 진화하기 시작했겠지. 처음에는 땅과 나무를 오가면서 곤충을 잡아먹고 살았는데, 오랜 세월 나뭇가지 사이를 건너뛰어 다니다 보니 하늘을 날 수 있게 몸이 조금씩 변했을 거야."

"온몸을 쫙 펴서 글라이더처럼 하늘을 붕붕 나는 날다람쥐처럼요?"

"진화 과정이나 생김새는 날다람쥐보다는 박쥐에 더 가깝다고 할 수 있어. 날다람쥐는 하늘을 자유롭게 나는 게 아니라, 높은 곳에서 낮은 곳으로 점프해서 이동하는 능력이 뛰어난 동물이거든."

"아, 맞다! 날다람쥐는 날아서 더 높은 곳으로 이동할 수는 없지요?"

스카포그나투스

이름 뜻	통나무배처럼 생긴 턱
시대	중생대 (쥐라기 후기)
식성	육식(곤충이나 물고기)
특징	머리가 좋고 비행을 잘해요.

디몬르포돈

이름 뜻	두 가지 모양의 이빨
시대	중생대(쥐라기 전기)
식성	육식(곤충이나 물고기)
특징	날카로운 이빨이 있어요.

"그렇지. 아무튼 시조새는 완벽한 새가 되기 이전이어서 날개에는 발톱이 있는 발가락이 달려있었고, 날개를 움직이는 근육을 지탱해 주는 흉골이 작았어. 하지만 잘 발달된 깃털을 이용해 하늘을 날 수 있었던 것으로 추측하고 있지."

"오늘날의 새랑 닮은 점은요?"

"다른 공룡들에게서는 볼 수 없는 깃털을 갖고 있었다는 사실과, 일반적인 파충류와 같은 변온동물이 아니라 체온을 일정하게 유지하는 항온동물이었다는 점이야."

미소는 고개를 절레절레 흔들었어요.

비록 수천만 년이라는 오랜 세월이 걸리기는 했지만 평범한 공룡이 살아남기 위해 하늘을 날게 되고, 새의 조상이 되기까지 많은 시행착오와 어려움을 겪었을 테니까요.

그래서 미소는 아빠의 다음 이야기가 더욱 궁금해졌어요.

"또 다른 독특한 공룡으로는 어떤 게 있었어요?"

"바다 속에서 살았던 어룡 중에 돌고래처럼 귀여운 이크티오사우루스가 쥐라기 초기에 나타났어."

"어룡들의 생김새는 대부분 비슷해 보이던데요?"

"물속을 헤엄쳐 다녀야 했으니까 모두 동글동글한 유선형으로 진화해 물의 저항을 최소화해서 그럴 거야. 그런데 이크티오사우루스가 특별한 것은 생김새 때문이 아니란다."

"그렇다면 무슨 이유로……?"

"보통의 파충류는 알을 낳은 뒤, 땅을 파거나 덤불 속에 묻어 부화시키는 방식으로 번식을 했어. 그런데 이크티오사우루스는 보통의 파충류들과는 달리 알을 낳지 않았어."

"그렇다면 파충류가 아닌 거잖아요. 파충류는 알을 낳는 거

▲ **이크티오사우루스** 바다에서 살던 어룡으로 알이 아닌 새끼를 낳았어요.

아니에요?"

"반드시 그렇지는 않아. 그 대표적인 예로 살모사라는 뱀이 있잖니!"

"헉! 엄청난 독을 가진 살모사요?"

"그래. 살모사는 보통의 뱀들과 달리 난태생인데, 알을 배 속에서 부화시킨 다음 산란을 해. 그래서 새끼를 낳을 때 어미가 지쳐 쓰러지곤 하는데, 사람들이 그 모습을 보고 새끼가 태어나면서 어미를 죽이는 줄 알고 살모사라는 이름으로 부르기 시작했거든."

"그러니까 이크티오사우루스도 살모사처럼 난태생이어서 어미가 배 속에서 알을 부화시킨 뒤 새끼를 직접 낳았다는 이야기인가요?"

"그런 셈이지."

"몸의 구조까지 바꿔 가며 그런 방법을 선택했을 때는, 반드시 그럴 만한 이유가 있기 때문이겠지요?"

"그 이유는 오직 한 가지야."

"한 가지 이유? 그게 뭔데요?"

"새끼들의 생존 확률을 최대화하는 것!"

"아, 그렇구나! 보다 많은 후손을 남기려는 본능은 모든 생명체가 갖고 있을 테니까……."

"이크티오사우루스는 물속에서 생활했지만 아가미가 아닌 폐로 호흡했어. 따라서 물속 깊은 곳이 아닌 수면 가까이에 살면서 주기적으로 고개를 내밀어 공기를 마시곤 했지."

"그렇다면 알 낳을 곳이 마땅치 않아서 어쩔 수 없이 난태생으로 새끼를 낳은 거 아니에요? 물속에는 천적이 너무 많고, 거북이처럼 뭍으로 나와 백사장에 알을 낳을 수도 없었기 때문에 배 속에서 부화를 시킬 수밖에 없었던 거 아닐까요?"

"어쩌면 네 말이 정답일 수도 있을 거야."

▲ 물 위에 고개를 내밀고 숨을 쉬는 이크티오사우루스

아빠가 고개를 끄덕였어요.

하지만 이크티오사우루스가 난태생 번식을 한 진짜 이유는 아무도 모를 일이지요. 그저 어렴풋이 짐작만 할 뿐입니다.

"아빠, 그런데 공룡 중에서 가장 포악해 이름마저 폭군 도마뱀이 되어버린 티라노사우루스는 언제 나타난 거예요?"

"티라노사우루스는 백악기 후기에 나타난 막내에 가까운 육식공룡이야. 덕분에 티라노사우루스는 조상들로부터 육식공룡에게 필요한 여러 가지 장점을 두루 물려받을 수 있었지. 두 눈이 정면을 향하고 있어서 앞을 잘 볼 수 있었고, 10m가 넘는 거구였지만 시속 50Km로 달릴 수 있는 튼튼한 뒷다리가 있었으며, 30cm에 이르는 날카로운 이빨과 강력한 턱의 힘을 가졌지. 그래서 티라노사우루스는 중생대에서 가장 난폭한 공룡이 될 수 있었어."

"그렇다면 티라노사우루스와 대적할 공룡은 없었겠네요?"

"아무리 무시무시한 티라노사우루스라도 꼬리 끝에 엄청난 크기의 몽둥이를 달고 다니는 초식공룡 유오플로케팔루스한테는 함부로 못 하지 않았을까? 백악기에 등장한 이 두 공룡은 북아메리카 대륙에 널리 분포했는데, 어쩌면 티라노사우루스

티라노사우루스

이름 뜻	폭군 도마뱀
시대	중생대(후기 쥐라기)
식성	육식
특징	최고로 힘이 센 공룡으로 무는 힘은 사자보다 15배 강했어요.

가 주변에 어슬렁거려도 유오플로케팔루스는 아무렇지도 않다는 듯 풀을 뜯었을지도 모를 일이지."

미소의 머릿속은 어느새 티라노사우루스와 유오플로케팔루스가 싸우는 장면을 그려 내고 있었어요. 이제 티라노사우루스와 같은 육식공룡의 활약도 초식공룡들의 개체 수 유지를 위해 필요하다는 사실을 알게 되었지만, 미소의 속마음은 여전히 유오플로케팔루스의 꼬리 몽둥이가 티라노사우루스에 일격을 가하기를 응원하고 있었답니다.

유오플로케팔루스

이름 뜻	진짜 장갑이 된 머리
시대	중생대(후기 백악기)
시선	초식
특징	몸 전체가 갑옷으로 싸여 있고 꼬리에 큰 곤봉이 있어요.

지구에 대한 궁금증이 꼬리에 꼬리를 물다!

우항리에 있는 공룡박물관과 화석지를 둘러본 뒤 외가로 돌아온 것은 해 질 녘이 다 될 무렵이었어요. 거의 하루를 통째로 공룡들의 세상에서 지내다 온 셈이었지요. 미소는 기분이 좋았어요. 몸은 조금 피곤했지만, 무척 많은 것을 알게 되었다는 뿌듯함 때문인지 자신도 모르는 사이에 콧노래가 절로 흘러나왔어요.

아빠가 종일 흘린 땀을 씻어 내기 위해 욕실로 들어간 사이, 미소와 엄마가 이야기를 나누었어요.

"그렇게 신나고 재밌었어?"

"내 9년 인생에서 가장 의미 있고 보람찬 멋진 하루를 보냈으니까요!"

"뭐라고? 9년 인생?"

"놀이동산이나 워터파크에 간 것보다 훨씬 더 좋았어요."

"뭐가 그렇게 좋았어?"

"마치 시간 여행을 떠난 거 같았거든요."

"오, 그래?"

"그리고 아빠가 공룡박사처럼 모르는 게 없더라고요. 어떤 내용이든 질문하면 알기 쉽게 설명을 해 주셨거든요."

미소의 얘기에 엄마가 고개를 끄덕이며 혼잣말을 중얼거렸어요.

"공룡박사? 어쩐지……, 얼마 전부터 느닷없이 공룡 책을 여러 권 쌓아 놓고 뒤적이더라니……!"

화들짝 놀란 미소가 물었어요.

"아빠가 공룡 책을 보셨다고요?"

엄마가 고개를 끄덕이며 대답했어요.

"이번 휴가를 송호리에서 보내기로 결정한 순간부터 너랑 같이 공룡 화석지에 갈 계획을 세우셨겠지. 그래서 공룡과 관련된 책들을 구해 공부를 시작했던 거 아니겠어?"

"아, 그러셨구나!"

미소의 코끝이 찡해지면서 가슴이 먹먹해졌어요. 아빠는 역시 최고라는 생각과 함께요.

저녁 식사를 마친 미소는 마당 평상에 드러누워 하늘을 쳐다보았어요. 하늘에는 수많은 별들이 반짝이고 있었어요.

우주를 구성하고 있는 천억 개의 은하와, 각각의 은하를 이루고 있는 천억 개의 별들……. 미소는 문득 해남공룡박물관의 지구과학실을 가득 채우고 있던 갖가지 암석들이 떠올랐어요. 그러면서 '지구는 어떻게 탄생했을까?' 하는 궁금증이 생겨났지요. 미소의 질문은 또 그렇게 시작되었어요.

"아빠, 지구는 어떤 과정을 거쳐 만들어졌어요?"
그런데 아빠의 대답은 무척 실망스러웠어요.
"지구가 어떻게 만들어졌는지를 지켜본 사람은 아무도 없어. 그래서 아쉽지만 아빠도 몰라. 정확한 대답을 해 줄 수가 없구나."
"최첨단 물질문명을 자랑하는 우리 인류가, 어떻게 탄생했는지조차 까맣게 모르는 지구라는 땅덩어리 위에서 지금까지 살고 있는 거라고요?"
실망한 미소의 높아진 목소리에 멈칫한 아빠가 변명하듯 말했어요.

"까맣게 모른다기보다는…… 지구 탄생에 대한 이야기가 한두 개가 아니라서 딱 꼬집어 '이거다!'라고 말해 줄 수가 없다는 뜻이야."

미소의 목소리는 여전히 까칠했어요.

"어차피 아직은 모른다는 얘기잖아요?"

"우주 공간에서 벌어지는 현상들은 덧셈이나 뺄셈 같은 계산처럼 정확하게 알 수 있는 것이 아니야. 게다가 과학자들 역시 자기 눈으로 확인한 사실이 아니기 때문에 '이러이러한 과정을 거쳐 탄생했을 것'이라고 추측할 수밖에 없어."

미소는 그제야 고개를 끄덕였어요. 불과 몇 시간 후의 일기 예보도 항상 맞는 게 아닌데, 45억 년 전 지구가 생겨날 당시의 우주를 아는 것이 쉬운 일은 아닐 테니까요.

"그동안 과학자라고 하면 모든 것을 다 아는 만물박사인 줄 알았는데, 곰곰이 생각해 보니 더 많은 것을 알기 위해 노력하는 분들이었네요."

"금세 대견한 생각을 했구나."

아빠의 입가에 엷은 웃음기가 어른거렸어요.

"지구 탄생에 대한 가설로는 어떤 것들이 있는 거예요?"

"그동안 수많은 과학자가 태양과 태양계의 탄생에 대해 성운설·소행성설·전자설·난류설·쌍성설 등 다양한 가설을 제시해 왔단다. 그중에서 독일의 철학자 칸트가 제기하고 프랑스의 수학자 라플라스가 보완한 성운설이 가장 널리 인정받고 있어."

"성운설? 그게 뭔데요?"

"우주 공간을 떠돌던 먼지와 가스가 모이고 모여 태양계가 탄생했다는 이론이야."

"먼지가 모여 태양계가 만들어졌다고요?"

미소의 입이 떡! 벌어졌어요.

그 당시 우주에 얼마나 많은 먼지와 가스가 떠돌아다니고 있었기에 태양을 비롯한 여러 행성을 만들 수 있었는지, 상상할 수가 없었기 때문이지요.

"지금으로부터 45억 년 전, 오늘날 태양계가 차지하고 있는 우리 은하계의 변두리에는 70%의 수소와 27%의 헬륨, 그리고 납이나 금 등 무거운 물질 3%로 이루어진 우주 구름이 자욱한 먼지처럼 가득했다는 게 성운설의 시작점이야. 그런데 어느 순간 주변에 있던 초신성이 폭발하면서 수억 년 동안 움직이지 않았던 우주 구름에 중력붕괴 현상이 나타났단다."

"중력붕괴 현상이라는 게 뭔지 모르겠어요."

아빠는 곧바로 보충설명을 해 주었어요.

"잔잔한 호수에 돌멩이를 하나 던지면 어떻게 되지?"

"물결이 출렁이면서 널리 퍼져 나가겠지요."

"호수의 잔잔한 물이 우주 구름이라면, 돌멩이는 초신성이야. 다시 말하자면 아무런 움직임도 없던 우주 구름이 초신성의 폭발 때문에 요동치기 시작했다는 말이지."

"초신성이 뭔데 느닷없이 폭발을 했던 거예요?"

"죽어 가는 별을 초신성이라고 해. 수명을 다한 별은 폭발을 마지막으로 영원히 사라지는데, 폭발 순간 밝기가 평소의 수억 배에 이르기 때문에 마치 새로운 별이 나타난 것처럼 보이거든. 그래서 엄청나게 큰 별이 새로 나타난 것으로 착각해 초신성이라고 부르게 된 거야."

"그러니까 죽어 가는 별이 폭발하면서 생긴 에너지가 잔잔하던 우주 구름을 마구 뒤흔들어 놓았다는 말이네요."

"그렇지! 아주 작은 크기의 우주 구름이 서로 들러붙으면서 회전하기 시작했는데, 그 속도가 차츰 빨라져 원반과 같은 모습이 되면서 주변의 우주 먼지들을 더욱 강력한 힘으로 빨아들여 나갔지. 그 결과 중심부의 밀도와 온도가 급속도로 높아지면서 핵융합 반응이 일어나기 시작했어."

"태양이 그렇게 만들어졌다고요?"

"태양계의 탄생 과정을 성운설로 설명한 학자들의 이론이 그렇다는 말이야. 아까 얘기했잖니. 직접 본 사람이 아무도 없으니 정답이라고 자신할 수는 없는 일이라고……."

미소는 우주의 규모가 머릿속으로 그려지지 않았어요. 지구보다 무려 109배나 더 큰 태양을 만들 만큼 엄청난 양의 우주 구름이라면…… 그저 고개가 절레절레 흔들어질 뿐이었지요.

그런데 미소가 정작 알고 싶었던 지구는 물론, 우리의 일주일 명칭을 채우고 있는 형제 행성들의 탄생은 아직 알지 못한 상태예요. 그럴 때는 오직 질문으로 해결할 수밖에요.

"그럼 지구는 태양이 완성된 다음에 부스러기들로 만들어졌다는 건가요?"

"흐음! 아주 엉뚱한 추측은 아니다만, 부스러기라는 말이 살짝 거슬리는구나. 우주 구름이 회전을 거듭하면서 수축할 때, 중심부로 끌려 들어가지 않고 버티면서 따로 뭉친 먼지덩이가 태양계의 행성들이 되었어."

"규모가 큰 것들만 생각하다 보니 저도 모르는 사이에 잘못된 표현이 튀어나오고 말았네요, 헤헤!"

아빠가 손을 저으며 또 다른 설명을 덧붙였어요.

"아주 틀린 말은 아니라니까! 태양이 태양계 전체 질량의 99.86%를 차지하고 있거든. 바꾸어 말하면 태양계의 행성들을 모두 합해 봐야 태양계 질량의 0.14%에 불과하므로 부스러기라고 할 수도 있지."

"헐! 태양이 그렇게 큰 별이에요?"

"그럼! 매우 큰 별이지! 우주에는 태양 크기의 2천 배가 넘는 VY 케니스메이저리스라는 별이 있기는 하지만 말이야."

"꺄악……!"

어찌 된 셈인지 우주 이야기만 나오면 놀라움의 연속이네요. 그래서 미소는 아빠에게 지구 탄생 즈음의 이야기를 들려 달라고 다시 부탁했어요.

"우리가 살고 있는 지구는 약 45억 년 전에 태양과 함께 탄생했어. 최초의 원시 지구는 오늘날의 태양처럼 벌겋게 타오르는 불덩이였지. 내부의 중심핵은 끊임없이 마그마를 내뿜었고, 갈 곳을 찾지 못해 떠돌고 있던 크고 작은 혜성과 운석이 지구를 향해 날아들곤 했단다."

"그런 지구가 무엇 때문에 식을 수 있었을까요?"

"약 6억 년에 걸쳐 지구에 떨어진 수많은 소행성 상당수가 얼음덩이였거든. 그 소행성들은 불덩이 지구에 닿자마자 수증기가 되어 대기층으로 올라갔지. 그러는 사이에 태양계 주변의 우주 공간이 서서히 안정되면서 소행성의 충돌이 줄어들었고, 지구의 표면 온도 역시 낮아지기 시작했단다. 그러자 지표면 가까이 내려오기도 전에 다시 증발해 버리곤 했던 수증기가 빗방울이 되어 쏟아져 내렸어. 그렇게 시작된 지구 최초의 비는 수천 년 동안 내리고 또 증발하기를 반복하면서 지구를 식했고, 그 결과 불덩이였던 지구 곳곳에 얇은 지각이 만들어졌 단다."

미소가 마른침을 꼴깍 삼키며 말했어요.

"아빠, 마치 공상과학 영화를 보는 거 같아요!"

아빠가 고개를 끄덕이며 혼잣말처럼 중얼거렸어요.

"태양이나 지구의 탄생 자체가 워낙 신비한 일이니까……."

최초의 생명체는 무엇을 먹고살았을까요?

 아빠는 대략 39~38억 년 전에 지구 최초의 생명체가 나타났다고 했어요. 그러니까 지구가 탄생한 지 7~8억 년 뒤 살아 있는 뭔가가 생겨났다는 얘긴데, 미소는 도무지 이해되지 않는 한 가지 사실 때문에 고개를 계속 갸웃거렸지요.

 살아 있는 생명체라면 먹을 게 있어야 할 텐데 지구상에 나타난 최초의 생명체는 뭘 먹으며 생명을 유지해 나갔을까요? 온 지구를 통틀어 살아 있는 생명체라고는 오직 그 자신밖에 없었을 텐데 말이에요.

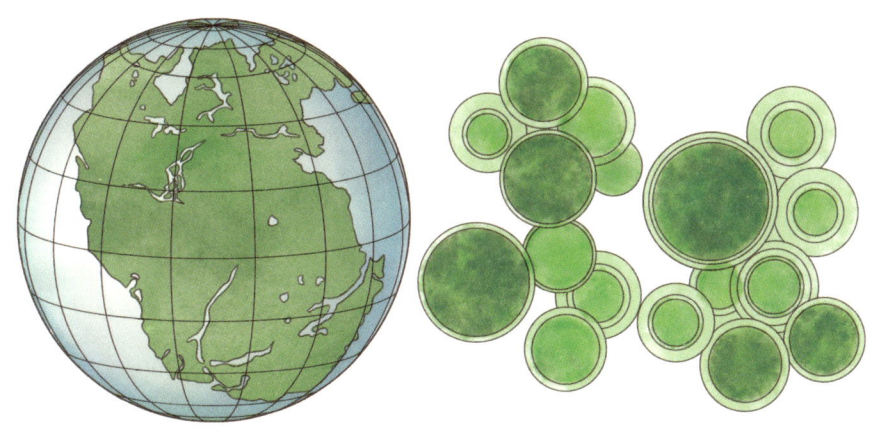

"아빠, 지구 최초의 생명체는 뭘 먹고살았어요?"

아빠가 빙긋이 웃으며 대답했어요.

"우리 미소가 웬일로 한참 동안 조용한가 했더니 첫 번째 생명체가 어떤 걸 먹었을까 생각하고 있었던 모양이구나."

"어떤 생명체든 먹어야 살 수 있으니까요."

"그래, 에너지가 생명 유지에 반드시 필요한 요소라는 사실은 두말할 필요가 없겠지. 그런데 세상에는 먹이 없이 자체적으로 영양분을 얻는 생물도 있단다."

"네? 먹이가 없는데 어떻게 살아요?"

화들짝 놀란 미소가 외쳤어요.

"거짓말 같니?"

"그럼요! 저는 한 끼만 굶어도 배가 고파 헛것이 보이는데……."

"스스로 영양분을 얻는 생물을 독립영양생물이라고 하는데, 녹색 화합물인 엽록소를 통해 광합성을 하는 남조류가 대표적인 예라고 할 수 있어. 이 생물은 이산화탄소와 물 분자를 분해해 포도당과 산소로 재구성하는데, 이 과정에서 필요한 에너지를 태양 광선에서 얻는단다."

"아, 식물들이 하는 광합성!"

미소는 그동안 광합성이라고 하면 식물들이 햇볕에서 뭔가를 직접 얻어 내는 줄로만 알았어요. 그런데 영양분을 만드는 데 필요한 에너지를 얻는 거였네요!

미소가 고개를 끄덕이자, 아빠가 느닷없는 질문을 했어요.

"우리 미소는 지구 역사상 최초의 대기 오염이 언제쯤 일어났을 거라고 생각해?"

"으음……, 대기를 오염시킨 물질이 배출된 건 석탄이나 석유를 사용한 이후부터였으니까, 대략 1900년대 초반이 아니었을까요?"

"대부분이 미소와 같은 생각을 하고 있을 거야. 하지만 지구 최초의 대기 오염은 우리가 생각하는 것보다 훨씬 더 멀고 먼 과거에 일어났어."

"언제쯤인데요?"

"지금으로부터 약 20억 년 전, 지구는 심각한 대기 오염으로 엄청난 몸살을 앓았어."

"네? 20억 년 전이라면 지구에 사람은커녕 동물도 없었을 때 아닌가요?"

"맞아, 바로 그때야."

"에이, 말도 안 돼요! 아무것도 없는데 어떻게 대기 오염이 돼요? 누가 오염을 시킨다고요."

"잘 들어봐. 39~38억 년 전 지구에 처음으로 모습을 드러낸 남조류는 약 15억 년에 걸쳐 지구 전체로 퍼져 나갔단다. 그때까지만 해도 오존층이 없어서 자외선 때문에 육지에서는 살 수가 없었지. 하지만 햇볕이 잘 드는 얕은 바다는 온통 남조류 천국이었어."

"남조류랑 대기 오염이 무슨 상관인데요?"

"조금 전에 남조류는 광합성으로 이산화탄소와 물 분자를

▲ **지구 전역을 감싸고 있는 남조류**
아주 옛날, 오존층이 없을 때 남조류는 지구를 파랗게 뒤덮었어요.

분해해 포도당과 산소로 재구성한다고 했지? 그중에서 영양분인 포도당은 섭취하고, 영양분이 없는 산소는 밖으로 배출해 냈어. 그런데 지구 전역을 남조류가 감싸고 있었기 때문에, 약 22억 년 전부터 대기 중의 산소 농도가 급격하게 증가해 불과 몇 억 년 사이에 1%였던 것이 무려 22%에 이르게 된 거야."

"산소 농도가 높아진다는 건 좋은 일 아닌가요?"

"그건 우리 입장에서 하는 얘기지."

"그렇다면 약 20억 년 전 남조류한테는……?"

"이산화탄소가 우리 인간한테 해로운 것처럼, 남조류한테 산소는 치명적인 독이었어. 결국 급속도로 높아진 대기 중 산소 농도는 남조류라는 생명체가 일으킨 지구 최초의 환경오염이었던 셈이야."

"산소 오염 때문에 남조류가 사라져 버렸던 거예요?"

"위기에 처한 남조류는 어떻게든 산소라는 치명적인 독이 자신들을 죽이기 전에 제거할 수 있는 방법을 찾아야만 했어."

"이제 겨우 만들어진 생명체가 어떻게 방법을 찾아요?"

"물론 인간들처럼 연구하고 토론할 수는 없었겠지. 하지만 수억 년에 걸친 진화를 통해 산소를 포도당과 반응하도록 해서 물과 이산화탄소를 만들어내게 했던 거야. 오늘날 세포 호흡이라고 하는 이 화학반응은 세포의 활동에 필요한 에너지를 공급하기도 한단다."

"우와! 엄청 어려워서 제대로 이해하지는 못했지만, 깜짝 놀랄 만큼 대단한 일을 해낸 건 확실한 거 같아요!"

정말로 놀라운 일이었어요. 수억 년이라는 시간이 걸리기는 했지만, 멸종 위기에 처한 원시 생명체가 스스로 생명을 보존하고 번식할 수 있는 방법을 찾아냈으니까요. 어쨌든 아무것도 먹지 않고 살 수 있는 남조류는 이 방법으로 모든 복잡한 생명체의 진화를 위한 기초를 다져 놓았답니다. 산소 덕분에 호흡 작용도 가능해졌고요. 그리고 더 많은 세월이 흘러 산소는 오존층을 형성하게 되었고, 자외선을 막아 주는 오존층이 생기면서 생명체가 물 밖으로 나올 수 있는 계기를 마련해 주었다고 하네요.

어쨌든 미소의 주요 관심사는 육지생물의 등장과 중생대의 공룡, 그리고 신생대에 등장한 포유류에 쏠려 있었어요. 그래서 남조류 이후 약 15억 년을 훌쩍 건너뛴 질문을 했지요.

"아빠, 육지 생물은 언제, 어떻게 나타났던 거예요?"

"지금으로부터 약 4억 5천만 년 전인 오르도비스 말기에 '오르도비스 빙하기'가 시작됐는데, 그 빙하기 때 물속에 살던 식물들이 육지로 나오기 시작했어."

"날씨가 추워지면 육지로 나와 살기가 더 어려울 거 같은데요. 식물은 따뜻한 걸 좋아하잖아요."

"물론 그렇지. 기온이 내려가 바닷물이 얼면서 지구 전체의 해수면이 낮아지는 바람에 얕은 물에 살던 식물들이 물 위로 드러나 대부분이 얼어 죽고 말았어."

"하지만 그중에 살아남은 몇몇 종이 있었군요?"

"그렇지! 그렇게 해서 뭍으로 나온 수생식물이 육지에 완전히 적응한 것은 지구의 대기에 산소 농도가 높아져 오존층이 형성된 4억 4천만 년 전후였어. 오존층 형성과 함께 자외선이 차단되자 바다 속에 살던 동물들 역시 하나둘씩 물 밖으로 나오기 시작했지."

미소가 고개를 갸웃하면서 물었어요.

"식물이야 해수면이 낮아지면서 어쩔 수 없이 육지로 나오게 되었지만, 동물은 무엇 때문에 육지로 올라왔을까요? 물 밖 환경이 자신들의 몸에 맞지 않아 살기가 더 힘들었을 텐데 말이에요."

아빠는 미소의 그런 질문을 예상하고 있었던 듯, 바로 설명을 해 주었어요.

"육지로 올라온 동물들 역시 식물이 그랬던 것처럼 여러 가지 어려움이 있었지. 무엇보다 큰 난관은 호흡이었어. 바다에 살 때는 물속에 녹아 있는 산소를 걸러 흡수했지만, 뭍으로 나온 이후에는 산소를 직접 마셔야 했거든."

"그러게 물속에서 그냥 살지……."

"유감스럽게도 약 3억 5천만 년 전인 데본기 후반의 지층과 암석을 분석해본 결과, 그즈음 수천 년에 걸친 혹독한 가뭄기가 있었던 것으로 밝혀졌어. 그러니까 그 가뭄 때문에 해수면이 크게 낮아졌고, 몸집이 작은 동물들은 포식자를 피해 몸을 숨길 공간을 잃어버렸지. 그래서 동물 중 일부는 천적을 피해 담수로 진출해 담수 어류의 조상이 되었고, 또 다른 일부는 육지 가까운 모래나 갯벌로 삶터를 옮겨 살기도 했어. 그 이후 세월이 흐르면서 지느러미를 이용해 기어 다니는 동물이 생겨나게 되었단다."

"어떤 동물이 처음 뭍으로 올라왔을까요?"

"처음으로 육지로 올라온 동물은 오늘날의 발톱벌레와 비슷한 형태의 초식성 무척추동물이었던 것으로 추측하고 있는데, 뒤따라 올라온 거미나 전갈 같은 육식성 절지동물 때문에 육지의 제왕 노릇을 하지는 못했어."

"수만 년 동안 대를 이어 진화해 1등으로 육지동물이 되었는

데, 결국 2~3등을 한 포식자들의 먹이가 되고 말다니! 불쌍하다……."

미소의 아쉬움 섞인 푸념에 아빠가 빙그레 웃으며 말했어요.

"최초의 육지동물 입장에서 보면 그렇기도 하겠구나. 여하튼 육지로 올라온 동물들이 자리를 잡아가는 동안, 바다에서는 각종 척추동물들이 새로운 특징을 가진 형태로 진화해 갔지."

"몸집이 커다란 동물들 역시 생겨났겠지요?"

"맞아! 그 대표적인 예가 오늘날까지 바다 최고의 포식자로 알려진 상어야."

"그 오랜 옛날부터 상어가 있었다고요?"

"지금까지 발견된 상어 화석 중에서 가장 오래된 화석 연대는 3억 9천만 년 전까지 거슬러 올라갈 정도지. 그 이후 상어 역시 다양한 형태로 진화를 해 왔어. 하지만 기본적인 형태가 지금까지 제일 잘 유지된 동물이 바로 상어란다. 오늘날의 상어와 데본기에 살았던 약 3억 5천만 년 전 상어의 모습이 거의 같아 보일 정도로 말이야. 그 당시 상어의 겉모습이 워낙 완벽하게 만들어진 까닭에 외형을 바꾸어 진화할 필요가 없었던 까닭이겠지."

미소는 고개를 끄덕였어요.

미소는 그동안 오랜 세월이 지나면 무조건 외형이 바뀌는 것으로만 생각했어요. 하지만 반드시 그런 것만은 아니네요. 상어가 그 오랜 세월 동안 바다를 지배하고 있는 데에는 그럴 만한 이유가 있었던 거였어요.

다섯 차례에 걸쳐 반복된 지구의 '대멸종' 사건!

미소는 문득 우항리 공룡박물관에서 보았던 도표가 떠올랐어요. 고생대, 중생대, 신생대 등 지질시대의 역사를 구분해 놓은 도표 말이에요. 그런데 무엇을 기준으로 나누어진 것인지, 도무지 짐작할 수가 없었어요.

"아빠, 지질시대를 구분하는 기준이 뭐예요? 무작정 나누어 놓지는 않았을 텐데, 아무리 생각을 해 봐도······."

아빠가 허허 웃으며 말했어요.

"질문이 너무 어려워져서 감당하기가 쉽지 않은걸!"

미소가 다소 새초롬해진 듯한 목소리로 되받았지요.

"설마 모른다고 발뺌하시는 건 아니겠지요?"

미소의 애교에 무장해제된 아빠의 입에서 또다시 거미줄 같은 이야기가 흘러나왔어요.

"지구가 탄생한 이후 45억 년을 지나는 동안 11차례에 걸쳐 생물이 크게 멸종하는 사건이 있었어. 그중에서 규모가 매우 큰 다섯 번의 멸종 사건을 '대멸종'이라고 부르지."

"대멸종이라면 거의 모든 생명체가 죽었다는 말 같은데……."

"맞아. 가장 규모가 컸던 '페름기의 대재앙' 때는 무려 96%의 지구 생물이 사라져 버렸어. 이 사건을 기준으로 고생대와 중생대가 나누어진단다."

"아! 그러니까 대재앙과 함께 멸종 사건이 일어나는 순간이 지질시대를 구분하는 기준점이 되는 거네요?"

"그렇지! 4억 4천3백만 년 전의 1차 대멸종을 기준으로 고생대 오르도비스기와 실루리아기가 나누어지고, 3억 7천만 년 전의 2차 대멸종은 데본기와 석탄기의 경계로 삼았어. 그리고 조금 전에 얘기한 2억 4천5백만 년 전의 3차 대멸종은 고생대 페름기와 중생대 트라이아스기의 분기점이 되었지. 또한 2억

1천5백만 년 전 4차 대멸종은 트라이아스기와 쥐라기 경계이고, 공룡을 멸종시켰던 6천5백만 년 전의 5차 대멸종은 중생대와 신생대를 구분하는 잣대가 되었단다."

"아빠, 페름기의 대재앙은 무엇 때문에 피해가 유난히 컸던 거예요?"

"페름기 직전의 지질시대인 석탄기 때부터 지구는 동식물들이 크게 번성했어. 특히 1억 년이 넘는 세월 동안 식물들이 무성하게 자라 발 디딜 틈이 없을 정도였지."

"식물이 많다는 건 좋은 현상 아닌가요?"

"지금이라면 그렇게 생각할 수 있겠지. 하지만 그때까지만 해도 수명이 다한 식물을 분해할 수 있는 박테리아가 없었어. 따라서 지구상의 모든 식물은 죽은 뒤에도 수천만 년 동안 분해되지 않은 채 쌓여 가기만 했지."

"헐! 지구가 완전히 죽은 식물로 뒤덮여 버렸겠네요?"

"바로 그거야! 그런 상황에서 혜성과 충돌을 하거나 화산이 폭발해 불이 붙었다고 생각해 보렴."

"세상에! 수천만 년 동안 쌓인 식물들이 타들어 가기 시작해 지구가 초창기 때처럼 불바다가 되어 버렸겠네!"

"맞아. 지구는 갑자기 뜨겁게 타오르는 행성이 되었고, 0.05% 이하에 머물러 있던 대기 중 이산화탄소 농도 또한 느닷없이 15%에 이를 정도가 되었어. 이산화탄소 때문에 생긴 온실효과는 해가 갈수록 악순환을 거듭했고…… 그렇게 갑작스러운 환경 변화에 적응해 생명을 유지할 수 있는 생명체가 과연 얼마나 될까? 그래서 지구 역사상 최악의 멸종 사태가 벌어진 거야."

"세상에!"

미소는 이 이야기가 무서우면서도, 다른 한편으로는 우리가 살고 있는 지구라는 행성의 역사가 신비롭게 느껴졌어요.

아빠의 이야기가 계속되었어요.

"그런 최악의 상황을 이기고 목숨을 보존한 생명체들이 있었어. 그 비율은 불과 4% 정도에 지나지 않았지만 말이야."

"당시의 지구는 살아남은 생명체들에게도 좋은 환경은 아니었겠지요?"

"당연히 그랬겠지. 그럼에도 그 생명체들은 몇백만 년이라는 짧은 기간에 분화에 성공했고, 그 이후 1억 8천만 년 동안 폭발적인 번식과 진화를 거듭해 지구를 채워 나갔어."

"어떤 생명체들이었는데요?"

"포유류와 조류가 새로 모습을 드러냈단다. 하지만 그들은 지배자가 아니었어."

"그렇다면 어떤 동물이……?"

"석탄기에 처음 등장한 이후, 꾸준히 진화를 거듭해 물 밖 생활에 완벽하게 적응한 파충류였지."

"아! 공룡 시대가 열린 거네요."

기다렸던 이야기가 나오자 미소의 눈동자가 반짝였어요. 하지만 아빠가 고개를 가로저으며 말했어요.

"네가 너무 앞질러 나간 듯싶다. 공룡 시대에 들어가기 전에 수궁류에 대해 알아볼 필요가 있어."

"수궁류라고요? 그건 처음 들어 본 말인데……."

▲ 수궁류
포유류의 조상일 수 있어요. 포유류의 특징을 가진 파충류입니다.

"수궁류는 턱이나 두개골의 구조, 그리고 앞니와 송곳니가 분화된 점으로 미루어 보았을 때 포유류의 조상일 가능성이 매우 높은 종이야. 게다가 수궁류 중 키노돈트류의 일부는 온몸이 털로 덮여 있었어. 다시 말하자면 지구상에 나타난 최초의 온혈동물일 수 있지. 그래서 수궁류를 '포유류형 파충류'라고 부른단다."

"헐! 우리가 파충류의 후손이라니……."

"그런데 이 수궁류가 포유류의 직접적인 조상이라고 확신할 만한 화석은 아직 발견되지 않았어. 예를 들면 알을 낳는 보통 파충류와는 달리 새끼를 낳았다면 그 방법은 어떠했는지, 그리고 갓 태어난 새끼한테 젖을 먹인 종이 얼마나 있었는지 등에 대한 증거가 없다는 얘기야."

"그런데도 왜 포유류의 조상이라고 생각해요?"

"항온동물이었던 수궁류 중 일부는 훗날 포유류와 비슷한 땀샘까지 발달해 체온을 스스로 일정하게 유지할 수 있었거든. 또한 땀샘이 진화해 젖샘이 만들어지면서 어미가 새끼한테 젖을 먹여 키우기 시작했으니까."

"아, 젖을 먹인다고 해서 포유류라고 하는구나!"

▲ 수궁류

▲ 조치류(파충류의 일부)

▲ 조치류(공룡으로 진화)

▲ 수궁류(일부가 포유류와 비슷하게 진화)

"그렇지. 수천만 년 동안 진화를 거듭해 젖을 먹여 갓 태어난 새끼를 효과적으로 기를 수 있다는 것은 대단한 성과였어. 하지만 그 이후 지구를 지배한 종은 수궁류나 포유류가 아니었어."

"그렇다면 공룡이……?"

"맞아! 파충류 중 일부인 조치류에서 공룡이라는 엄청난 동물이 나타나고 있었던 거야. 결국 포유류는 상대적으로 약한 수궁류 중 일부가 살아남기 위해 몸부림을 치며 진화해서 나타난 종이었던 거지."

아빠의 이야기를 듣고 있던 미소가 갑자기 몸을 부르르 떨면서 외쳤어요.

"헉! 어쨌든 엄청 무섭다."

아빠가 씨익 웃으며 물었어요.

"혹시 지금 이곳으로 소행성이 날아들까 봐서?"

"당연하지요, 아빠! 그 오랜 세월 동안 지구를 호령했던 공룡을 멸종시킨 게 소행성인데……."

"무서워한다고 소행성이 피해 갈까?"

"꺄악! 아빠는…… 그런데 만약 공룡을 멸종시킨 것의 10분의 1 정도 되는 소행성이 지구에 떨어진다면 어떻게 될까요?"

"지름 1km 정도의 소행성이 지구와 충돌하면 직경 약 15km 크기의 구덩이가 파일 거야. 웬만한 중소도시 하나가 순식간에 사라져 버리는 거지."

"그런 다음에는요?"

"엄청난 양의 먼지가 대기 위로 올라가 적어도 6년 동안 사라지지 않을 거야. 그 먼지는 태양빛 20%가량을 막아 지구 표면 평균 온도가 8℃ 정도 떨어질 테고, 지구를 자외선의 피해로부터 보호해 주는 오존층 역시 절반 이상이 파괴될 것이기 때문에 많은 생명체가 목숨을 잃게 되겠지."

"히잉! 괜한 질문을 했네!"

"그뿐만이 아니라 대기의 온도 역시 낮아져 대류를 잃기 때문에 강수량도 절반 이하로 떨어질 테고, 급기야는 빙하시대와 같은 결과를 낳을 수도 있을 거야."

"에효!"

미소는 고개를 절레절레 흔들었어요. 생각하는 것만으로도 끔찍했기 때문이지요.

그런데 아빠가 심각한 표정으로 말했어요.

"유감스럽게도 일부 과학자들은 현재 여섯 번째 대멸종이 진행되고 있다고 주장하고 있어."

"네? 정말이에요?"

깜짝 놀란 미소가 콩닥거리던 가슴을 감싸 안으며 외쳤어요.

"그런데 지구 역사상 여섯 번째가 될 이번 대멸종은 이전과 같은 자연현상이 아닌 인간의 생태계 파괴가 직접적인 원인이 될 거라고 해. 그나마 다행스러운 것은 아직까지 대멸종의 결정적인 징후는 나타나지 않고 있다는 사실이야."

"휴우!"

미소는 안도의 한숨을 내쉬었어요.

모든 인류가 함께 노력한다면 그 시기를 멀찌감치 미루거나, 영원히 오지 않게 할 수도 있을 것이기 때문이었지요.

미소가 그런 생각을 하고 있을 때, 아빠가 물었어요.

"오늘 질문은 모두 끝난 거니?"

미소는 고개를 저었어요. 사실은 오전에 공룡 화석지에서부터 궁금했던 게 있는데 미처 묻지 못했던 질문 세 가지가 있었거든요.

"아빠, 딱 세 가지만 더 질문할게요."

"좋아, 한번 들어 보자."

"첫 번째, 공룡은 몇 년이나 살았을까요?"

"〈쥐라기 공원〉이라는 영화가 유명해진 이후 사람들이 공룡에 대해 많은 궁금증을 갖게 되자, 과학자들은 공룡의 뼈를 분석해 성장률을 추정해 보았어. 그 결과 디플로도쿠스와 아파토사우루스 등 용각류의 수명은 200년 정도였을 거라는 결과가 나왔지. 하지만 표본이 많지 않아 정확하지 않고 다른 의견을 내는 학자들도 있어서 아직은 논쟁 중이란다."

"두 번째 질문, 공룡은 과연 영리한 동물이었을까요?"

"공룡의 지능 역시 일부 고생물학자들이 뇌를 분석해 보았는데, 그다지 높지 않은 것으로 밝혀졌어. 우람한 몸집에 비해 뇌의 크기는 매우 작아서 보통 복숭아씨 정도에 불과했거든. 어제 미소가 '공룡들은 밤하늘의 별을 보며 무슨 생각을 했을까'라고 했는데 그저 '아무 생각이 없었다'고 말하는 게 정답일 거야."

"마지막 세 번째, 공룡의 몸은 무슨 색깔이었을까요?"

"공룡은 변온동물이야. 따라서 모든 공룡의 몸 색깔은 체온 조절을 위해 밝은색과 어두운색이 섞여 있었을 거야. 다만 몸집에 따라 약간의 차이가 있지. 몸집이 큰 공룡은 위장할 필요가 없었기 때문에 주요 식량인 식물들과 비슷한 단순한 색깔이 주류를 이루었을 테고, 몸집이 작은 공룡은 서식지의 환경에 따라 제각각 위장색이나 보호색을 갖고 있었겠지."

▼ **친타오사우루스**
공룡들은 대부분 몸집에 비해 뇌가 무척 작아서 지능은 높지 않았을 거라 추측해요.

아빠가 모든 궁금증을 해결해 주자 평상에서 벌떡 일어난 미소가 배꼽인사를 했어요. 아침 일찍부터 늦은 저녁까지, 재미있고 보람찬 하루를 통째로 선물해 준 아빠에게 감사를 드리고 싶었던 거예요.

느닷없는 인사에 깜짝 놀란 아빠가 벌떡 일어나며 물었어요.

"혹시 내일도 엄청난 질문 세례를 퍼부으려고 이러는 거니?"

미소가 배시시 웃으며 말했어요.

"아니에요. 내일은 신나게 놀 거거든요!"

아빠의 얼굴이 순식간에 환해졌어요. 그리고 반갑게 말씀하셨어요.

"그거 참 좋은 생각이다!"

미소와 아빠는 얼굴을 마주 보며 큰 소리로 웃었습니다.

공룡 이야기

초식공룡이 하루에 싸는 똥의 양은 어느 정도일까?

초식공룡의 이빨은 대부분 원뿔형인데다 이빨 사이가 벌어져 있어서 음식물을 꼭꼭 씹을 수 없는 구조를 갖고 있었다고 해요. 그 대신 공룡은 크고 작은 돌을 삼켜 어금니를 대신하게 했답니다. 위석이라고 불리는 그 돌들이 위 속에서 부딪치면서 거칠게 뜯어 삼킨 식물을 잘게 갈아주는 역할을 했지요. 그렇다고 위석이 음식을 매우 잘게 빻지는 못했어요. 따라서 학자들은 공룡의 소화율이 그다지 높지 않았을 것으로 예상하고 있답니다.

소화율이 낮으면 섭취한 음식 중에서 똥으로 배출되는 양이 많아져요. 소화율이 40%가량인 코끼리의 경우 100Kg을 먹었을 때 약 20Kg의 똥을 싼답니다. 이를 기준으로 계산해 보면 하루에 1톤의 풀을 섭취하는 공룡은 최소한 200Kg 이상의 똥을 쌌을 거라고 예상할 수

공룡 이야기

있어요. 다만 코끼리를 비롯한 소와 염소 등 초식동물의 똥이 심한 냄새를 풍기지 않는 것처럼, 공룡의 똥 역시 고약한 냄새가 나지는 않았을 거라고 하니 그나마 다행이지요?

공룡이 뀐 방귀의 위력은 얼마나 강력했을까?

공룡이 내뿜는 방귀를 연구하고 있는 영국의 과학자들은 공룡이 하루 1만 리터 가량의 메탄가스를 배출했을 것으로 추측하고 있답니다. 오늘날을 살아가고 있는 코끼리가 하루 평균 약 2,000리터의 메탄가스를 방출하는 것으로 알려져 있으니, 아주 엉뚱한 계산은 아닌 셈이지요.

이 과학자들의 논문에 따르면 공룡의 멸종에 그들이 뀐 방귀도 상당한 영향을 끼쳤을 것으로 분석하고 있는데, 소행성 충돌과 화산 폭발에 공룡들이 내뿜은 메탄가스까지 더해져 지구온난화가 급속하게 초래되었다는 거예요. 공룡이 지구를 지배했던 약 2억 년 동안 수십억 마리의 공룡들이 제각각 하루 평균 1만 리터의 메탄

가스를 배출했다면 충분히 가능성이 있는 가설이지요.

한편 코끼리를 사육하고 있는 동물원 관계자들에 따르면, 낮에는 코끼리 방귀 소리를 거의 들을 수 없답니다. 방귀를 많이 뀌지만 몸을 자주 움직이는 낮 시간에는 항문의 괄약근이 느슨해져 방귀 소리가 나지 않는다는 거예요. 하지만 잠이 든 시간에 뀌는 방귀는 상상을 초월할 정도의 소리가 나는데, 어떤 초보 사육사는 그 소리에 깜짝 놀라 자리에서 일어났다고 해요.

코끼리 방귀가 그 정도라면, 공룡의 방귀는 과연 어느 정도였을지 짐작이 되나요?